近現代史からの警告

保阪正康

講談社現代新書
2572

はじめに　――歴史の「警告」を読み取るために

戦後日本を呪縛したマルクス主義

「歴史」をどのように受け止めるべきか。自らの時代は、歴史上においてはどう理解すればいいのか。戦後の日本社会はこの問いを常に繰り返してきました。

一九四五年八月に太平洋戦争が終結すると、敗戦から新たに出発しようとしていた日本社会では、ジャーナリズム、文学、政治学など様々な分野で、戦争を総括する試みがなされました。この動きのなかで、ジャーナリストや文学者の責任を問う議論や、戦時期日本のファシズム体制の分析など、多くの成果が生まれたと思います。

その反面、戦後日本において、歴史という分野では特異な傾向がありました。「歴史学研究会（歴研）」という、唯物史観による歴史解釈を基本的立場とする学術団体が長期的に極めて大きな影響力を持ってきたのです。

歴研はもともと一九三二年にファシズムに反対する近代的歴史学の確立を期して結成されますが、一九四四年には国家権力による弾圧が強化され、解散しています。そして戦後になると一九四六年一月に活動を再開し、「科学的真理以外のどのような権威も認めないで」「民主主義的な、世界史的な立場を主張する」（歴研綱領より）との立場で、歴史学界をリードするようになります。

当時の歴研が言う「科学的真理」とは、突き詰めれば、マルクス主義が主張する歴史の法則性――世界史の発展段階論ということになると思います。人類史は、原始社会から、奴隷制、そして封建制を経て資本制に至り、将来的には共産制が実現するという歴史観です。

そういったマルクス主義的な歴史観のもと、敗戦後から一九八九～九一年に世界的に社会主義体制が崩壊するまで、歴研が支配的な力を及ぼしてきた戦後日本の歴史教育のなかでは、ソビエト社会主義が人類の到達点として理想化される傾向がありました。そして、日本は社会主義に至る途上の過渡期にあるとみなされていたのです。

歴研によるこの認識は、戦後日本において、戦争の検証、日本近代史の解釈に多大な影響を与えただけでなく、政治運動や思想運動をも一定の方向に導いたと言えるでしょう。

マルクス主義によれば、歴史の発展は、歴史に内在する対立を止揚するプロセスを経ると考えられていました。その最も根本的な対立は、資本家と労働者の対立です。戦時下で言えば、帝国主義的支配層と、それに抵抗するプロレタリアート勢力との歴史理解にもなります。対立軸が次の歴史を生むという法則は、たしかに歴史のなかの真理だと思います。しかし、戦後日本を支配したマルクス主義の歴史学は、歴史の細部を検証せずに、対立の図式だけをクローズアップしがちでした。

この構図によって歴史解釈をすると、人民は常に権力者によって弾圧されているという認識となり、だからこそその弾圧をいかに撥ね返して社会主義への道を歩むかという命題が迫《せ》り出してくるのです。

都合の悪い史実は切り捨てられた

この発想からすると、天皇は、ただ単に帝国主義的な支配層をシンボライズした存在ということになる。戦争が遂行される過程で、天皇と軍事指導者の間でいかに齟齬《そご》と葛藤があったかについてはほとんど考慮されません。また、人民は戦争に反対だったが、帝国主義的支配層は人民の抵抗を弾圧し、人民を戦争に駆り出したという解釈が生まれる。そして兵士となった人民は、いずれ帝国主義のはらむ矛盾に気づくだろうという展望に向かうのです。

戦後日本では、高校、大学の歴史の先生の多くは、歴研に所属していました。あるいは共鳴していました。私は札幌の進学校で高校生活を過ごしました。今からすると信じられない話だと思われるでしょうが、歴史の先生が授業中に平気で、「君たちはいかにして労働者としての意識を高め得るか。そして、革命への認識を深め得るか」などと語っていました。彼らは授業において歴史を思想のために利用していたと言っていいと思います。

マルクス主義的な唯物史観の特徴は、演繹《えんえき》的に歴史を見るということであるように私には思われます。それは、論理や法則がまずあって、それに合わせて史実を拾い上げていく歴史観ということになります。論理が自らを裏切るような史実と出会った時に、論理自体が自己修正をするという謙虚さを持っていたなら、この歴史観にも意味があったと思いますが、戦後日本の左翼論壇に大きな影響力をふるった唯物史観においては、自らの論理に都合の悪い史実は切り捨てられる傾向にありました。

また左派の歴史学者によれば、唯物史観は対立を止揚する弁証法によって常に歴史を動的に捉えているという論理も用いられますが、その弁証法自体が固定化された論理になっているので、やはり演繹的な歴史観と言わざるを得ません。

私は唯物史観による歴史解釈に反対の立場です。それは、演繹的な歴史の見方に批判的だということです。

演繹的な歴史観と言えば、唯物史観と対極のように思われている、戦前の日本の皇国史観もまさにそうでした。古事記、日本書紀をもとにした天皇神話から語られる日本の歴史です。この歴史観によれば、日本史を万世一系の天皇を中心とする国体の歴史として捉え、天皇こそが日本の歴史、社会、文化を代表してきたと考える。国民は天皇に対して命を捧げるべきであり、それに反対する者は反国家的な存在とみなされる。つまり皇国史観も演繹的であり、天皇を絶対視するところから史実を収集して歴史を再構成していくわけです。

唯物史観と皇国史観

戦前の歴史観を最もわかりやすく説明しているのは、文部省が国体の本質を説くために昭和十二（一九三七）年に刊行した『国体の本義』です。この書物には、「大日本帝国は、万世一系の天皇皇祖の神勅を奉じて永遠にこれを統治し給ふ。これ、我が万古不易の国体である」と書かれています。これが皇国史観の精髄であり、定義がまずあるということは演繹的な歴史観であると自ら認めているわけです。

この歪んだ歴史観の現代における一つのありようが、最近の歴史修正主義者です。大東亜戦争は聖戦であるという旗を立て、それに見合う史実を集めてきて見せつけようとする。非常にたちの悪い演繹的歴史観と言えます。

唯物史観と皇国史観という、対極とも言える歴史の見方が、いずれも演繹的な歴史観ということでは共通するのです。このことを理解しておく必要があります。

私は歴史は帰納的に捉えるべきだという立場です。帰納的というのは実証的ということでもあります。

なぜ戦争は起こったのか。そこに日本人の国民性はどう関わっていたのか。なぜ二十歳そこそこの若者が銃を担いで中国に、ニューギニアの奥地に、向かわなければならなかったのか。なぜ若者は何も知らされずに輸送船で運ばれて、そして太平洋に沈められ、今なお眠っているのか——。

昭和史を生きた人間をめぐって、私たち一人ひとりが向き合うべきそういった根源的な問いかけに対して、実証的な検証をねばり強く続けていくべきだと私は思うのです。実証的な検証を積み重ねていくと、教訓を得ることができます。

歴史認識におけるこのプロセスは、唯物史観とはまったく逆です。唯物史観はまず論理や法則があって、それに見合う史実を発見していきますが、私の立場は、歴史を実証的に検証し、そこから教訓を見出していくという方向性です。この方法は唯物史観の対極にあるだけでなく、少数の例外を除いて、これまでアカデミズムの歴史学者はほとんどこの方法を無視してきました。これは、戦後、マルクス主義史観がアカデミズムの世界のかなりの部分を掌握してきたことと関係があると思います。

実は実証的な歴史検証は、戦後日本ではジャーナリズムが果たしてきたのです。ジャーナリズムは実証主義的に戦争の検証を行ってきました。敗戦以降、昭和二十年代、三十年代に、人はなぜ戦争を始め、遂行したのか、戦争政策はどんなものだったのかをかなりの精度で検証しました。

実証主義的な歴史検証が必要

その後、たとえば読売新聞社が昭和四十二年から昭和五十年まで連載した「昭和史の天皇」は、天皇を神格化した戦争の時代に日本人は何を考え、どのような行動をとったかについて、延べ一万人に及ぶ人々からの聞き書きをし、昭和二十年元旦から敗戦までを丹念に辿った仕事です。単行本化されたものは全三十巻にもなります。私は今の読売新聞には批判的な面も多くありますが、こういう仕事は、ジャーナリズムが果たすべき実証主義的な歴史検証の大事な成果だと思います。

私は三十代半ばの頃に、帰納的な、実証主義的な歴史検証を行い、それによって得た教訓を次世代に伝えていくということが、現代史に携わる者の使命ではないかと考えました。このスタンスは今でも基本的には変わっていません。

昭和五十三（一九七八）年、三十八歳の時に、私は『破綻――陸軍省軍務局と日米開戦』という本を出しました。陸軍省軍務局というのは戦争遂行の中枢に当たる機関ですが、その首脳たち、また軍人たちは、開戦に至るまでに何を考えていたのか。私は当時の軍人たちを徹底的に取材し、昭和十六（一九四一）年十月十七日に東條英機に大命降下があり東條内閣が成立してから、同年十二月八日に真珠湾作戦が決行されるまでを、ノンフィクション作品としてまとめました。文章表現においては説話的、小説的な語り口も取り入れましたが、その前提として、聞き書きによって事実を精緻に掘り起こしました。

実証主義的に歴史を探究することは、事実に立脚して権力を監視するというジャーナリズムの基本的な柱であり、生命線なのです。ジャーナリズムは史実に謙虚でなければならないし、史実を丹念に検証するなかから真実を探すべき役割があります。

さきほど、学者は実証主義的な歴史の検証方法をほとんど採らなかったと述べましたが、近年になってやっと、歴史学者のなかにもこの筋道をたどって近代史に迫ろうとする人が現れるようになりました。歴史研究において、アカデミズムをプロとするならば、ジャーナリズムはアマチュアです。ところが近代史検証の分野では、プロとアマに差がほとんどないのです。そして、プロとアマの研究が色濃く交錯している分野でもあります。

アカデミズムが、ジャーナリズム的手法を取り入れて、自らの論理を検証する。ジャーナリズムが実証的に検証した成果として得た歴史の教訓を、アカデミズムの学問的成果としての歴史法則と照らし合わせてみる。近年、こういった相互的な動きが見られるようになりました。

昭和史を身に引きつけて捉える

私は二〇一〇年前後に立教大学で十年間、講師を務めました。大学での歴史教育が実証主義的な方向へと、ある程度転換した二十年ほど前から、ジャーナリズムの世界で近現代史研究をしてきた人が、大学で教えるというケースが増えています。同時に、学者の側もメディアのなかで活躍し始めた。ジャーナリズムとアカデミズムが相互に影響し合って活性化しているのが歴史研究の分野だと思います。

それは、アカデミズムにおいても、ジャーナリズムにおいても、これまでの歴史叙述の限界を乗り越えようとする志向が生まれていたからだと思います。

学者は、既成の史料を分析するだけでは、もはや新たな歴史を発見することができない。ある法則から史実を演繹的に拾い集めるだけでは新たに歴史の姿を描くことはできない。人々がどういう思いで歴史を生きたのか、何を考えて行動したのかを調べなければならないと痛切に考え始めたと思うのです。それで、ジャーナリズム的手法と交わるわけです。

一方、ジャーナリズムのほうは、史実を丹念に調べることを積み重ねたすえに、そこから何らかの歴史の法則を捉えようとするとき、歴史観をめぐって思索を重ねてきた学者の手法を採用したいと考えるようになる。そういうことから両者の間に接点ができ、交わり始めたのでしょう。それが歴史研究の現状だと思います。私はそのような学者との交流の中で、多くの発見がありました。

歴史研究において、演繹的方法と帰納的方法の二つの潮流が混ざり合うこの新しい傾向を、私は大きな可能性をはらんだものとして見ています。私は日本近現代史、とりわけ昭和史を、実証的に検証するという立場で、著述活動を四十年近く続けてきました。その基本的なスタンスは今も変わりませんが、この本ではここから一歩踏み出してみようと考えています。

取材の積み重ねによって得た教訓を、学問領域で提起されてきた歴史の法則とも照合させながら、私なりの歴史の仮説として示してみたいと思います。その仮説から改めて歴史を見直すことによって、読者諸兄姉一人ひとりが昭和史を身に引きつけて捉える視座を自らのものとしてくださるなら、私が本書に込めた一つの願いは達せられるのです。

本書で私は、日本の近現代史を、単に一つのテーマや事件をクローズアップするとか、歴史的な流れを細密に検討していくとかではなくて、時代潮流のダイナミズムをどう捉えるかという問題意識で語っていくつもりです。あえて触れておくと、新型コロナウイルスの感染爆発という人類史上の非常事態に直面しているいま、私たちはこの事態にどう向き合い、どういう未来を次代に手渡すかを問われています。

この感染症の蔓延に対してはファシズム的な体制を取らざるを得ない面があると思いますが、しかしそれを新型コロナ後の社会に持ち込まないためには、いまを生きる私たち市民一人ひとりがそれぞれ歴史観を持たなければなりません。それには過去からどう学ぶか、どのような警告が発せられているのかということが大事であり、そのために歴史を貫く力学を捉える必要があるのです。

本書で取り上げた七つの仮説を、ここで概観しておきます。

私は、満州事変から太平洋戦争の終結まではわずか十四年ということに注目すべきだと思っています。東京の町並みが、関東大震災後の復興によって少しずつ立ち直ってきたのに、それが十四年後には瓦礫《がれき》の街になってしまう。このスピードは何だろうか。とにかく日本人は脇目も振らずに戦争に突進して日本社会を解体したのです。それがわずか十四年でした。

昭和三十五年から始まった高度成長政策もわずか十四年です。私たちは戦争政策でも経済政策でも十四年という短期間でやってのけるエネルギーを持っている。良い方向も悪い方向も十四年でやってしまう国民性を持っています。そこに注目しておくべきでしょう。

幕末維新を経ての明治国家はどのような国づくりをすべきか曖昧でした。この期に四つの国家像があったのではないか、そこに仮説を立てて論じたのが第三章です。

第四章は日本は軍事国家の道を歩んだが、そこに見られる歪みこそが実は近代化の最大の問題点だとの見方を私なりの見方で考えてみました。

第五章は、大正十年から大正十五年までの五年間、大正天皇は病で療養し、そこで皇太子（後の昭和天皇）が摂政につきました。実はこの五年間は、天皇不在の奇妙な空間だったのです。近現代史の中に二重構造の空間が出来上がった。そこに見られる日本人の心理は歴史的な実験の意味を含んでいたのです。

第六章は、テロやクーデターはそれ自体が成功しなくてもそれを利用する権力者の計算が歴史を変えてしまうことについて考えてみました。この章は昭和史の隠された史実というべきです。

そして第七章は、新型コロナウイルス感染症と日本の近現代史について考えました。コロナによる日々の辛さは、実はファシズム体制の怖さを体験することにつながります。コロナ禍は私たちの歴史に対する挑戦である、と捉える戦いの心理が、現在求められているのではないでしょうか。

歴史の大局観を養うことで、一定の法則が導き出せます。そこから成立する仮説をもとに、どのような「歴史の教訓」を学べるか。危機の時代を生きる私たちには、そうした歴史の洞察力を身につける必要があります。

本書で私が示した仮説を、歴史を帰納的に見ていくための訓練、そして「いま」に対する日本の近現代史からの警告と受け止めて読んでいただければ幸いです。

目次

はじめに――歴史の「警告」を読み取るために　3
戦後日本を呪縛したマルクス主義　3
都合の悪い史実は切り捨てられた　5
唯物史観と皇国史観　7
実証主義的な歴史検証が必要　9
昭和史を身に引きつけて捉える　11
第一章　日本が「わずか十四年」で壊滅した理由――近現代史は「十四年周期」で動く①　25
ファシズム体制になだれ込む日本　26
満州事変から終戦までの十四年　28
戦時体制の予算の組み方しか知らない大蔵官僚　30

高度経済成長の「終戦」の光景　32
「戦争の屈辱を経済で晴らしてやる」　35
戦争を支えた「短期現役士官制度」　38
近現代史は十四年で動く　40
「胎動期」の池田勇人、「躍進期」の佐藤栄作、「終焉期」の田中角栄　44
戦後の霞ヶ関を牛耳った短現たち　47
日本の国力差は「大人と子供」　49
戦争の原価計算ができない軍事国家　52
国家機密に触れた主計将校　54
日本の敗戦は必然だった　57

第二章　高度経済成長は「戦争と表裏一体」だった——近現代史は「十四年周期」で動く②　61

「戦時下の日本人は本来の日本人ではない」　62
戦争直後の財界人の思想とは　63

高度経済成長の「十年後」を報じる朝日新聞　65
高度経済成長を担った「三本柱」　68
日本の艦船をすべて把握していたアメリカ軍　70
海軍の戦法から生まれた護送船団方式　72
「僕らの方が反戦主義者だよ」　75
高度経済成長の背景にある「戦争に対する怒り」　77
大学生の反乱は何を意味したか？　79
アメリカからの感情的な日本批判　81
改めて太平洋戦争の総括へ　83
学生運動と精神的空虚　85
経済成長「後」の十四年　87
「意図せざる社会主義者」田中角栄　88

第三章　明治日本は「軍事国家」の道を選んだ——93
——明治国家の四つのモデル

どんな国家を作るか　94
「軍人勅諭」が説いたもの　96
明治政府は内乱の危機を抱えていた　98
西郷隆盛と岩倉使節団の対立　100
岐路に立つ日本に与えられた「四つの国家像」　102
西欧の植民地主義の狡猾さ　104
日本が道義を示したマリア・ルス号事件　106
征韓論に噴出する帝国的体質　108
「自由民権国家」の道をなぜ選ばなかったのか　111
アメリカ型国家を断念した岩倉使節団　115
「排外主義の地下水脈」を危険視した司馬遼太郎　117

第四章　戦前の日本はなぜ「軍事学」を軽視したのか——天皇と軍事権力——　121

日本独自の立憲君主制　122

軍事権力に都合のいい天皇像　123
「これは朕の戦争ではない」　125
特攻作戦に、「しかしよくやった」　127
昭和天皇の涙の意味　129
戦争は君主制の最大の敵　131
軍事に対する明確な条文がなかった大日本帝国憲法　133
防衛的な軍事から攻勢的な軍事への変質　135
日清戦争に従軍した数学者の体験　138
戦闘の現場では白兵戦だった　140
残虐行為がフレームアップされる虚しさ　142
「中国との戦争を避けたい」イギリス軍事学の知恵　144
日本兵の戦闘意欲を生んだ「恐怖感」　146
日清戦争が生んだ「軍事学なき精神主義」　148
戦争が国家の「営業品目」に　149
「開戦の好機来たる」徳富蘇峰の転向　151
外圧への構えが政治姿勢となる　153

第五章　「空白の皇位」五年間の意味——大正末期の特殊な時代

空白の五年間に見る天皇制と近代日本の本質　156
海軍学校で軍人を批判した芥川龍之介　157
関東大震災とカフェ文化の頽廃　160
貧女に想像力を及ぼす大正天皇の文学的才能　162
貞明皇后と宮中某重大事件　165
天皇の「父」の役割を担おうとした宮中リベラル派　167
摂政を置くつもりかと探る昭和天皇　169
天皇は政治・軍事指導者とどう向き合うべきか　172
「沈黙」の明治天皇、「病」の大正天皇、「時間」の昭和天皇　175
「皇位空白」の時代、五つの特徴　177
「天皇制打倒」を外した共産党　179
新聞が生んだ「集団ヒステリー」　181
テロリスト・難波大助の正論　184

天皇と国民の民主主義的な回路　186

第六章　日本の「ファシズム体制」はいかにして形成されたか――「三段跳び理論」と「因果史観」　189

五・一五事件はいかにファシズムを生んだか　190
西園寺公望を脅した陸軍皇道派　192
決行者たちが英雄に祭り上げられていく　193
非常事態下に変貌する国民意識　196
「愛国無罪」という社会の空気　198
暴力は暴力によって必ず復讐される　200
小さなことが歴史のうねりに結び付く　204
自己正当化に使われた「大善」「小善」　206
歴史の因果をつかんでいた後藤田正晴　208

第七章　新型コロナはファシズムを呼ぶか

――「スペイン風邪」との戦いから学ぶべき教訓――

近現代史から「コロナ状況」を捉え直す　212
スペイン風邪で死を覚悟した荷風　214
社会環境と市民意識が鍵　216
非常事態が生み出す「憎悪」と「差別」　218
安倍首相の会見には歴史観がない　220
非常事態に求められる「歴史観」　222
コロナとの戦いは「戦争」である　224
科学の行き過ぎがウイルスを促したのか　226
東條英機と安倍首相との共通点　229
国際的な視点の重要性　231
くり返し流行した明治初期の感染症　233
現代でも参考になる西南戦争後の防疫政策　235
「近代日本の予防対策」を一貫する「弱者切り捨て」　236

「コロナ後」に警戒すべき「超国家主義的発想」 238
私たちは市民たり得るか 240

おわりに ―――― 243

第一章

日本が「わずか十四年」で壊滅した理由

――近現代史は「十四年周期」で動く①

ファシズム体制になだれ込む日本

昭和六（一九三一）年九月の満州事変から昭和二十年八月までの十四年間で、この国は戦時体制に突き進み、その果てに瓦解します。瓦解、つまり敗戦です。三百万を超える人々が死に、国土は荒廃し、経済は破滅状態、社会的な価値観も崩れました。日本は戦争によって壊滅し、いわばゼロ地点になったのです。

日本が泥沼の戦争に入り込んでいくまでを概観してみましょう。

一つの起点は満州事変です。満州事変を契機に日本の戦時体制が始まります。奉天郊外の柳条湖で関東軍が謀略事件を起こす。南満州鉄道の線路の一部を爆破して、それを中国軍の仕業であるとして戦火を広げ、制圧地域を拡大していきます。ところが満州事変が起こった時点では、東京は何の変容もない日常そのものでした。家族で流行歌を歌ったり、恋人同士が銀座でデートしたり、映画を観たりしている。それが十四年後の昭和二十年に国家壊滅にまで至るのです。

関東軍の謀略以降、日本は一挙にファシズム体制になだれ込みます。満州事変の翌年昭和七年には満州建国が宣言され、同時期に血盟団の団員による前大蔵大臣の井上準之助、三井財閥理事長の団琢磨暗殺事件が起こる。やがて海軍軍人、陸軍士官学校候補生、農本主義団体などによる帝都騒乱事件ともいえる五・一五事件が起こり、犬養毅首相が暗殺されます。

五・一五事件については第六章で詳論したいと思いますが、この事件こそ日本型ファシズムが完成に至る導火線でした。事件をきっかけに軍部、政党の間で激しい権力闘争が起こり、被告となった実行者たちの裁判が報じられるや国民の間に政治、経済への憤懣《ふんまん》が高まり、テロ実行者への異様な同情心が起こるのです。これによって一気に「テロ容認社会」が成立してしまいます。

昭和八年には、年表にはさほど大きくは書かれていないにせよ、実は日本社会に重大な変化がありました。「ススメ　ススメ　ヘイタイ　ススメ」で知られるように、国定教科書が軍国主義化する。満州建国を認めなかった国際連盟から日本は脱退する。五・一五事件被告への同情心がさらに広まる。共産党員の一斉転向が進む。一部軍人と右翼団体の不穏行動が起こる。京都帝国大学法学部の刑法学者・滝川幸辰教授の学説が危険思想であるとして右翼団体や国会議員が批判し、内務省がその著書を発禁処分にし、文部省が滝川教授を休職処分にする。

昭和十年には、美濃部達吉の天皇機関説批判が右翼系学者によって始められ、それが貴族院議員らによる議会での質問によって火がついたように広がっていきます。やがてそれは国体明徴運動となり、衆議院でも国体明徴が宣言されるのです。これは天皇神権説をこの国の根幹に据えようという動きであり、簡単に言うと、日本は「天皇の国家」であるとの認識を国民の理解の中枢に刻み込むという意味を持っていました。

こうした動きはすべて翌昭和十一年二月の二・二六事件の伏線になっていきます。

満州事変から終戦までの十四年

陸軍内部では、天皇の下での昭和維新を志向する皇道派と、軍中央による国家統制を進めようとする統制派の対立が深まり、昭和十年八月には陸軍省軍務局長の永田鉄山が皇道派の相沢三郎に殺害されるという事態になります。そして翌年昭和十一年二月には、皇道派の青年将校二〇人余により下士官、兵士一五〇〇人を動員しての二・二六事件が起こる。

反乱軍は、斎藤実内大臣、高橋是清蔵相、渡辺錠太郎教育総監、松尾伝蔵陸軍大佐（岡田啓介首相と誤認）を射殺し、鈴木貫太郎侍従長に重傷を負わせます。陸軍省、参謀本部、国会、首相官邸を占拠し、陸軍首脳に国家改造を要請しますが、戒厳司令部によって鎮圧されます。

この事件は、陸軍内部の新統制派ともいうべき寺内寿一、梅津美治郎、東條英機らによって巧みに利用され、結果的に陸軍主導の政治体制が構築されていくのです。

そうした政治体制に移行するときには、「軍部大臣現役武官制」「粛軍人事」「軍事予算拡大の要求」「自由主義的傾向人物の閣僚起用に反対」といった軍部に都合の良い国策が軸になりました。二・二六事件は巧妙な形で軍事指導者たちに利用されたのです。このことは決起将校のひとりであった磯部浅一が、獄中で綴った手記や日記に怨念をこめて暴いています。

二・二六事件は結局は昭和史の決定的な転回点となりました。この事件はある日突然に起こったわけではなく、そこに行き着くまでの当然の流れがありました。年譜の表面からはその動きの加速はなかなかつかむことができないのですが、国内の政治と経済と社会、また対外関係を関連づけて精緻に検証する必要があります。

こうしたファシズムへの流れの結果として、昭和十二年七月七日の盧溝橋事件が起こり、そして日本は日中戦争の道を歩んでいくことになります。日中戦争は日本と英米仏との関係悪化を招き、アメリカから石油輸出を全面禁止された日本は、昭和十六年十二月八日の真珠湾攻撃を機に太平洋戦争へと突き進んでいきます。日本は破局へ向かって進んでいくのです。

満州事変から終戦まで、数えて十四年です。十四年間で、平凡な日常が見事なほどに瓦解してしまう。戦争で多くの日本人が死に、他国に行って何人もの人を殺し殺され、社会も経済もガタガタになってしまう。満州事変の折、日本国内にはこの十四年後に国土の大半が戦争で荒れ果て、国民に甚大な犠牲者が生まれると考えた者はいなかったでしょう。

昭和二十年八月、日本は戦争に負け、占領下に置かれます。アメリカを中心とする連合国軍最高司令官総司令部の占領を受けるわけです。国家主権はアメリカを中心とする連合国軍が持っていて、日本にはありませんでした。敗戦の日から昭和二十七（一九五二）年四月二十八日のサンフランシスコ講和条約発効の日まで、六年八ヵ月、日本には国家主権がなく、独立国ではありませんでした。

戦時体制の予算の組み方しか知らない大蔵官僚

宮澤喜一元首相は、戦時下の昭和十七年に大蔵省に入省し、終戦の時には本省で戦争保険を担当していました。終戦後、東久邇宮内閣が発足すると、津島壽一蔵相の秘書官を務めます。その後、池田勇人蔵相の秘書官となり、昭和二十五年の池田訪米、昭和二十六年のサンフランシスコ講和会議、昭和二十八年の池田―ロバートソン（米国務次官補）会談など戦後の日米交渉に深く関わります。戦前戦後を通して大蔵官僚として重要な役割を果したわけですが、宮澤の話を聞いて驚いたのは、戦時中、大蔵官僚は戦時体制の予算の組み方しか知らなかったというのです。

戦時においては国家予算の枠を大幅に超えて国債を発行します。これが戦時予算の基本です。日本が様々な国と連携して戦争を遂行していたなら、それらの国に国債を買ってもらうことができたでしょう。しかしどの国も日本の国債は買わない。世界中が連合国になっている。だから日本は、日銀による国債の直接引き受けによって戦費のほとんどを賄いました。

第二次大戦の最終段階、昭和二十年五月にドイツが無条件降伏した後、日本は一国で八十ヵ国と戦っていました。実際には名目だけでも、もっと多かったと言われています。そのすべての国々と撃ち合いをしたわけではありません。アメリカが、たとえば南米の小国にまで、日本に宣戦布告したら援助をすると言って連合国に組み入れていきました。

南米の小国からすると日本と戦う理由はないわけですが、アメリカにとっては、日本をいかに孤立させるかが重要だったので、そういった国々をも強く促しました。そして南米の小国なども日本に宣戦布告していきます。日本は世界の中で完全に孤立解体しました。

敗戦後、連合国軍が入ってきて、占領下で日本の大蔵官僚は予算を組もうとするのですが、彼らはそれまで軍事予算ばかり組んでいたので、平時の予算組みができない。敗戦時、大蔵官僚は戦時予算の後遺症にみまわれていて、とにかく国債を発行して企業に買わせること、もう一つは、アメリカの援助金である復興資金を頼みにすること――彼らの発想はそれくらいでした。

予算の主権を握っているアメリカや連合国は、大蔵官僚に対して、「君たちは国家予算の組み方を何だと思っているのか。予算というのは歳入があって歳出がある。しかし、君たちの歳入には税収がまったく入っていない。君たちは平時の予算の組み方を知らないのか」と馬鹿にしたのです。

そして一九四九年に、アメリカの銀行家であるジョセフ・ドッジがＧＨＱの財政金融顧問として呼ばれ、日本を戦時経済から解き放つためのドッジ・ラインと呼ばれる金融政策を実施していきます。

日本は十四年にわたる戦時下の軍事主導体制が崩壊にまで至り、たとえば経済から見ると、自力で平時予算が組めないほどに解体してしまった。逆に言うと、満州を拠点にしてアジアを勢力圏に収め、世界を支配するという企てを試みてから、たったの十四年で壊滅まで行ってしまうのです。この十四年というタイムスパンにこだわってみたいと思います。

高度経済成長の「終戦」の光景

日本はわずか十四年で、軍事による破滅への道を直線的に進みました。そして戦争終結から十五年後の昭和三十五年九月、池田勇人首相は国民所得倍増計画を発表し、これを現実に政策化していきます。池田首相は「私はウソは申しません」とか「あなたの給料を二倍にしてみせます」といった分かりやすく直接的な言い方で国民の心情を捉えたのですが、国民所得倍増計画は当初は誇大広告のように受け止められました。しかし歴史的には、間違いなくこれが高度成長の経済政策のスタートとなりました。

それから十三年後に、第四次中東戦争が始まります。これはアラブ軍（エジプト、シリアなど）とイスラエル軍との間で行われた領土画定をめぐる戦争でしたが、保有する近代兵器においてイスラエル軍が圧倒的に優位に立っていました。アラブ諸国は産油国としての「油」を武器として戦略を組みます。イスラエルを支援する西側諸国に打撃を与えるために、原油生産の削減、原油価格の大幅値上げを打ち出したのです。

日本はこの戦略に最も打撃を受けました。この石油危機によって日本の高度経済成長は終わり、以後は低成長時代へと移行していきます。石油危機は日本社会に異様な光景を生み出しました。大阪での主婦たちによるトイレットペーパーの買い占めに端を発し、全国的に生活必需品の買い占めが引き続きました。まさに狂乱状態が現出したのです。

所得倍増計画から十四年、これこそ高度成長の「終戦」の光景といってもいいでしょう。石油危機が太平洋戦争の原因でしたが、高度経済成長の終焉もまた石油によってもたらされたのでした。

満州事変から太平洋戦争をへて終戦に至る十四年間、そして高度成長の十四年間。ここにはいくつかの共通点があります。対照的な性格もあります。これは史実から得た私の仮説ですが、この仮説からさらに史実を検証していくと、昭和史を捉える意外な視点があることがわかってくるのです。

戦争の十四年間と経済の十四年間は、それぞれの舞台の主人公が異なっています。池田首相のブレーンは、たとえば下村治がそうでした。下村は昭和九年に東京帝大経済学部を卒業し、大蔵省に入省しています。戦前には戦費調達の理論上の研究を進めたとされている、いわば理論家でした。戦後になって経済安定本部などでいくつかの論文を書き、高度経済成長理論の提唱者となっていきます。政治の世界では池田首相や大平正芳、宮澤喜一など、大蔵省出身の国会議員の集まりである宏池会の経済顧問のような立場でした。

下村のほかにも稲葉秀三などのエコノミストたちも池田の周辺に集まりました。かつて私が宮澤喜一に、戦時下、大蔵官僚としてどのような仕事をしていたのか質《ただ》した時、宮澤はいかにも不快げに、「アメリカ軍の爆撃によって被災した家屋の補償をするような仕事だ」と答えました。戦災の状況を見て、補償をする。戦後、昭和二十五年以降は国際舞台で輝かしい仕事を成し遂げる宮澤をはじめとする大蔵省の官僚は、戦時下、損害保険会社の調査マンのような役割を果たしていたのです。それは当時、大切な仕事だったと思いますが、こうした仕事は気位の高い大蔵官僚には何とも屈辱であったのでしょう。

また先述したように、戦争の十四年間、平時の予算の組み方ではなく、戦時予算や臨時軍事費などの予算ばかりを組んできた大蔵官僚は、戦時下だけでなく終戦後の占領下では冷や飯を食わされていたと言ってもよかったのです。いわば、その不満が爆発するようなかたちで、高度経済成長期が始まりました。つまり高度経済成長は、戦争の時代への復讐だったのです。

「戦争の屈辱を経済で晴らしてやる」

戦後の一時期を担っていった指導者、なかんずく経済成長に関わる指導者は、戦時下ではその能力を発揮できないどころか、まるで子供扱いされていました。高度成長が戦争に対する復讐であるという視点で見れば、宮澤や大平をはじめとする宏池会の面々が護憲的な体質を持ち、軍事に一線を引いたのは当然と言えます。彼らの主張は戦争ではなく経済であり、政治より経済でした。これは戦後の日本人の意識改革にもなっていきました。

池田首相の秘書官で、宏池会の事務局長を務めた伊藤昌哉は、六〇年安保闘争の時に岸内閣打倒を唱えて国会を幾重にも取り巻く学生デモ隊を見て、「このデモ隊のエネルギーを経済に向けたなら、日本の経済成長は飛躍的に伸びるだろう」と実感したと語っています。

国民のエネルギーを戦争に向かわせるのではなく、反政府運動に向かわせるのでもなく、経済成長に向かわせる。また国民のエネルギーや勤労意欲こそが戦後日本の底力だと見る。その心理はまさにこのころの宏池会の本音だったのです。

池田首相はじめ宏池会に集まった政治家で、高度成長の中心に座った経済通は、太平洋戦争の教訓を自覚しつつ、次のような意思を持って高度成長政策を進めたと思われます。

(一)高度成長は戦争の荒廃から立ち上がる国民の熱意と労働観である。
(二)太平洋戦争には明確な指導方針がなかったが、高度成長は理論の忠実な実践で行うべきだ。
(三)太平洋戦争の主計将校による戦争の原価計算を経済政策の理論や実践に生かす。
(四)国民のエネルギーが爆発的な力を生むように政治的に誘導していく。
(五)国際社会の中で日本のイメージを戦争から経済に変えていく。

この五点を基に考えると、高度経済成長の十四年間が戦争の十四年間の教訓の上に成り立っていることがわかります。これを人物に視点を据えて見ることで、さらにその意味が具体的になってきます。池田首相、その秘書である伊藤、そしてエコノミストの下村を検証してみましょう。池田は戦前、戦時下に大蔵省にあって税務畑を歩き、軍事費の捻出に頭を痛めた大蔵官僚です。伊藤は昭和十七年に東京帝大を卒業した後に陸軍に徴用され、主計将校になります。戦後は新聞記者を務めた後、池田の秘書になります。

私は、伊藤に自民党政治の内幕を確かめていることもあり、池田内閣の裏話も聞かされていました。それを前提に言いますが、下村と伊藤が高度成長政策を採用するように池田に説いたのは、昭和三十四年からだったと言います。そして、太平洋戦争を昭和の歴史の主人公にしないように、戦争からの復興こそが昭和史の主人公になるように、三人の間には意思の統一があったとも言うのです。

本音で言えば、「軍人たちにバカにされてきた屈辱を経済で晴らしてやる」ということになるのでしょう。この本音は彼ら三人だけのものではなく、戦争の時代に能力を何ひとつ発揮できなかった頭脳集団の、灼《や》けつくような言葉でもありました。

池田首相の所得倍増計画では、具体的には民間企業の設備投資計画が凄まじい勢いで進みました。『昭和大蔵省外史（下巻）』によると、「昭和三五年の八九六億円に続いて三六年も同じような勢いで進行し、機械、石油化学、鉄鋼、合成繊維などの部門を中心として、年間三兆九千億円に達し」ています。この伸びは異様とも言うべき状態でした。山際正道日銀総裁は、公定歩合の引き上げによって市中での金融の流れを止めるように要求しましたが、池田とそのブレーンは当初は耳を傾けませんでした。設備投資は原材料の輸入増加に伴って、貿易収支の赤字につながることになります。

戦争を支えた「短期現役士官制度」

高度経済成長への批判も、当時、多くの識者によって論じられるようになりました。設備投資の過剰による企業の負担も指摘されました。日本にはまだそれほどの体力がないとの声もありました。しかしそういう声にも池田やブレーンたちは耳を貸しませんでした。闘いは始まったばかりなのに、というのが池田たちの思いだったのです。

このころの池田や下村たちは、戦後復興を経て、日本社会の構造や日本人の意識を変えようと考えていました。生活環境だけでなく、生活の方法や、生活を支える精神も変えようとしていました。

私の見るところ、下村や伊藤らの心中には、日本社会の中に軍事になじまない体質をつくろうと試みる志向があったと思います。さしあたりそれが太平洋戦争の教訓であり、戦争への深い批判でもありました。

このことは別な表現で語ることもできます。私が言う戦争の十四年間に対する経済の十四年間というのは、一つには池田首相とその周辺の人々の反軍事論、そしてもう一つには海軍の短期現役士官制度がその担い手となっています。つまり、この二つの人脈が経済の十四年を支えたと言ってもいいでしょう。

短期現役士官制度は、一般には「短現」と言われるのですが、要は海軍の先見性による優秀な人材確保の手段でした。海軍は昭和十三年四月の第一期生から昭和二十年四月までの間、一般大学の法学部、商学部、経済学部などをすでに卒業していて官庁や大企業に入っている者を徴用し、海軍内部に留めようとしたのです。そのうえで一定期間、特別教育を施して主計将校として軍人に仕立てあげるシステムを採っていました。彼らが戦争の原価計算を行うのです。

分かりやすく言うと、一つの海戦で空母が沈められたとすれば、どれだけの金銭的な損害を受けるのかを計算するといった役割です。この短期現役士官制度により、総数で三五五五人が主計将校となりました。この中で戦死者は四〇八人です。

しかし生存者は、ほとんどの者が戦後は大企業に、あるいは金融機関に、そして官庁に身を置いています。彼らは高度経済成長政策の時代に、中堅から上級の幹部になっていました。彼らはまさに高度経済成長の牽引役に育っていました。彼らは、戦争体験を逆手にとって、そこで学んだ原価計算を高度経済成長政策の中心に据えました。このような人脈を俯瞰《ふかん》していくと、戦争と経済の各十四年間は、昭和史の裏と表の関係だと理解できるのです。

近現代史は十四年で動く

高度経済成長を企図する高度経済成長政策は、確かに多様な分析ができるにせよ、その発端についてはたった一つの理由で説明できます。それは、「六〇年安保」によって、日本社会の亀裂が激しくなったことです。戦前の東條英機内閣の閣僚で、開戦詔書に署名した岸信介首相への抗議行動が国民的な広がりを持つようになり、いわば政治的にも、思想的にも、そして世代的にも、日本社会は四分五裂の様相を呈することになりました。

岸の後を継いだ池田勇人首相は、寛容と忍耐を説き、経済復興を遂げることによって国民生活の向上をはかりました。そして、国民意識を一定の方向に導くことに使命を感じるようになりました。

高度経済成長政策は、荒《すさ》んだ国民に手渡す夢物語でもありました。国民が岸を強く排撃するのは、岸が太平洋戦争時の記憶と合致していることが大きく、安保反対には、岸が象徴している戦争のイメージを払拭したいとの庶民の願望が強く作用していたのです。

池田首相の秘書官だった伊藤は、戦争から経済への転換という発想をもって池田を支えたと話していました。その意味では高度経済成長は、戦争のイメージを根本から変えてしまう政策だったと言ってもよかったのです。高度経済成長を太平洋戦争と対照させ、それが日本社会にどのような意味を持つかを改めて検証しておくことが重要だと思います。

イギリスの歴史家であり、ジャーナリストとしても知られるポール・ジョンソンは、その著『現代史』の中で、「中国人は空間に生き、日本人は時間に生きる。日本人は点から点へ全速力で移動する。日本人は時間とその切迫性を意識している」との意味のことを書いていますが、彼の言わんとするところを要約すると次の四点に絞ることができると思います。

(一) 時間を惜しんで脇目もふらずに働き続ける。
(二) 目標を設定するとそこに向かって全力疾走する。
(三) 思考停止状態に陥りがちである。
(四) 主観的判断を客観的事実に置き換える。

こういった特徴は、昭和の十四年間の戦争や、高度経済成長にも当てはまります。それどころか日本の近現代史は、ある一定の時間のもとで動いたのではないかと、私は年表を見るたびに思うのです。これは歴史の進展が周期性を持っているとの意味にもなります。ひとつの仮説を立ててみたらどうだろうかというわけですが、十四、五年が周期になっているように思えます。新しい挑戦を始めて、とにかく十四、五年でひとつの形を作るのです。

私は近代日本が真に出発したのは明治四年だと考えます。詳しくは後述しますが、大政奉還、新政府誕生、さてどんな国家を作るかという時に、大久保利通や木戸孝允らは欧米への視察に出発します。岩倉具視を代表とする岩倉使節団の日本出発が明治四年なのです。一〇〇人余が一年有余にわたって、アメリカ、ヨーロッパを見てきます。この体験が日本の近代化の起点になったといっていいでしょう。

そして明治十八年には、初めての内閣制度が発足します。伊藤博文が初代の首相になりました。明治四年から明治十八年までは「近代化をめぐる十四年」だと言えます。

そして明治十八年から三十三、四年ごろまでは軍事主導路線を歩みますが、日清戦争後に三国干渉で先進帝国主義国から鼻っ柱を叩かれます。その一方で明治三十三年の中国での義和団の乱では先進帝国主義の一員として八ヵ国軍に加わっています。この十四、五年間は、日本の軍事力が一定程度、世界で認知されたのです。「富国強兵の十四年」と言えるでしょう。

明治三十四年に日本はイギリスと交渉を始めます。そして日英同盟を結びます（締結は翌年一月）。この十二年ほど後に第一次世界大戦が始まるのですが、それは「帝国主義国間の力関係の中に日本が組み込まれる十四年」ということになるでしょうか。

第一次世界大戦に日本が参戦したのは一九一四（大正三）年ですが、翌年に日本は中国に対華二十一ヵ条要求を突きつけました。日本の中国政策の誤りがより明確になっていったのです。この年も区切りになるでしょう。

そしてその十六年ほど後には満州事変（一九三一年）があるのです。その十四年後に日本社会は瓦解に至ります。「戦争の十四年」です。

私のいう十四、五年周期が日本近代史のすべてに合致するとは思わないものの、近代日本の過ちは対中国への軍事政策にあり、その道筋には一定の周期があったとは言えると思います。むろん昭和期の戦後社会では、それとは別にアメリカを軸にしての周期が見て取れます。昭和二十一年から昭和三十五年までの十四年間はアメリカとの政治上の関係でした。その期間を終えてからの十四年間は「高度経済成長の十四年」であり、そこには陰に陽にアメリカという存在がありました。この時期は戦争の十四年に対応する性格を有しており、アメリカへの対抗という側面もあったと言えるように思います。

日本人はとにかく一生懸命に目標に向かって走り続ける。そして短時間で目標に達する。換言すれば、良いことも、批判に値することも、短期間にやってのける国民的性格が、私たちの特徴なのです。もっとわかりやすく言うならば、目的に向かって邁進するプロセスにおいて役立たぬものはすべて捨てられるということになります。

例えば戦時下、病人や障害者の施設を作ろうなどと社会福祉家が申し出ると、官庁側から何を言うかと叱責されるのが当然だったと言います。戦争に役立たない者は切り捨てられるのです。そうして日本は十四年間で戦争に突き進み、崩壊まで行ってしまった。

高度経済成長期も、その負の側面である公害関連の出来事は切り捨てられ、司法の場では企業側の責任が問われないことが多かった。それが正面から問われるようになったのは、後になってからのことです。脇目もふらず一生懸命に働き続けるという私たちの国民的性格が、十四年で一大目標をやり抜けることを可能にしました。この精神風土を踏まえて話を進めると、高度経済成長の時代はいかに躍動感に満ちていたか、が思い出されてきます。

「胎動期」の池田勇人、「躍進期」の佐藤栄作、「終焉期」の田中角栄

高度経済成長が始まったばかりの、日本社会がまだ貧しかった頃、私は大学生でした。京都での生活でしたが、アパートではトイレ、洗面所などすべて共用、車の免許を持っているのはよほどの金持ちの息子たちだけで、海外旅行などは夢のまた夢といった時代状況にありました。むろんこれは東京でも同じです。

しかし大学を卒業して社会に出てみると、やがてマンションが建ち、車が氾濫する社会へと時代は大きく変わります。高度経済成長期、生活は目に見えて日々の単位で良くなっていきました。

高度成長期の十四年間は生活環境が大きく変わったことと同時に、日本人の中に自信を

植え付けました。これには、高度経済成長期にアジアで初の東京オリンピック（一九六四年）や大阪万国博覧会（一九七〇年）があり、日本の国力の回復を世界に見せつける結果になったことも大きかったと思います。

高度経済成長の十四年間は三つの時期に分けることができます。私の見るところ、次のようになります。

(一) 昭和三十五年から昭和三十九年の東京オリンピックまで
(二) 昭和三十九年から大阪万国博覧会の昭和四十五年まで
(三) 昭和四十五年から石油危機の翌年の昭和四十九年まで

高度経済成長とひとことで言っても、この三つの時期はそれぞれ様相が異なります。この三つの期間はそれぞれ「胎動期」「躍進期」、そして「終焉期」と名づけることができると思います。そして、図らずも三つの期間を代表する首相によって語ることが可能なのです。

つまり、「胎動期」は池田首相、「躍進期」は佐藤栄作首相、「終焉期」は田中角栄首相です。この三人の首相像が、高度経済成長期のそれぞれの社会の姿を如実に語っているのです。言うまでもなく、高度経済成長は外交上では徹底してアメリカ頼みであり、東西冷戦下でアメリカの戦略の意のままに動いたという事実が指摘できます。「躍進期」の佐藤の、ベトナム戦争への態度や対中政策など、露骨に対米従属的な政治姿勢を見れば、そのことが容易にわかります。

田中はアメリカから離れることを志向しましたが、高度経済成長は国際社会の石油戦略に巻き込まれて終わったのであり、対米自立を求めて挫折した田中内閣がその終焉期を担ったことは象徴的でもありました。

こうした構図を下敷きにして、再度、満州事変から太平洋戦争の終結までの十四年間を見ていくと、多くの点で高度成長と重なり合うのです。いわば昭和の成功体験（高度経済成長をあえて成功と見てみると）も、失敗体験も、類似した構図を持っていたのです。

戦争の十四年間は、以下のように三つの期に分けられます。
（一）昭和六年の満州事変から昭和十二年の日中戦争開始前まで
（二）昭和十二年の日中戦争から昭和十六年の太平洋戦争の開始前まで
（三）昭和十六年から昭和二十年の太平洋戦争の終結まで
この三つの時期を名づけてみると、軍事主導体制の「開始期」「挫折期」「崩壊期」となることに気づきます。この間に首相だったのは、若槻礼次郎から始まり、鈴木貫太郎まで実に十三人に及んでいます。つまり、軍事主導の方向に進むのに、日本社会は一枚岩ではなかったことがわかります。

さらにこの三つの期を代表する首相は、「開始期」は犬養毅首相、「挫折期」は近衛文麿首相、そして「崩壊期」は東條英機首相ということになるでしょう。言うまでもなく、犬養と近衛は軍事主導体制に反対でした。しかし彼らが潰されていくこと自体が軍事主導体制の真実の姿だったのです。やがて東條が表舞台に出てきて、軍事主導体制は崩壊していきます。

戦後の霞ヶ関を牛耳った短現たち

戦争と高度経済成長の比較によって、この国の特徴が浮かんできます。それを明確に整理するためには、二つの時代を誰が動かしたか、誰が、どんな屈辱を味わったのか、そのことを検証する必要があります。

前述したように、海軍の短現で養成された将校は、大学の法学部、経済学部、商学部などを卒業して、戦後は大手企業や金融機関、そして中央官庁などに身を置いていました。それぞれの分野で指導層を形成していたと言っていいと思います。彼らは、高度経済成長政策の主導役を担う実働部隊と言うこともできました。

昭和四十年代には彼らの活躍がメディアでも大きく取り上げられています。私自身、彼らの戦争観などを確かめるために、何人かの人たちの話を聞いています。その時の取材メモや記録などをもとに、いかに彼らが戦争時の不満を爆発させて、あるいは戦時下で身につけた知識を活かすかたちで、戦後日本の経済面で力を発揮したかを語っておきたいと思います。

短現の第十一期生の同窓生の集まりを士交会と言いました。彼らの同期会誌は『士交会の仲間たち』という豪華な私家版の書籍となっています。短現の同期会誌はどの期も五百ページ近くあるような箱入りで、一見して社会的な成功者の集まりだということがわかります。『士交会の仲間たち』を繙《ひもと》くと、この期の同期生は昭和十九年に短現で学んだ世代なのですが、彼らがいかに戦後社会で活躍し、とりわけ高度成長期に中心的な役割を果たしたかが如実に見えてきます。

この書にはその活躍の一端が紹介されています。たとえば自治省にいた首藤尭《たかし》は、各官庁に同期生がいて助け合ったというのです。どんな仲間でしょうか。大蔵省、厚生省、労働省、通商産業省、運輸省、警察庁、人事院、自治省などに籍を置く仲間の名が列記され、その上でこう書かれています。

「これらの諸氏のうち、吉瀬維哉（大蔵）、翁久次郎（厚生、官房副長官）、藤縄正勝（労働）、和田良信（通産）、秋富公正（総務副長官）、三井脩（警察庁長官）、山田滋（沖縄開発庁）、小生（自治）の八人が、それぞれの省庁の事務次官や長官をつとめ、それがまた期せずして概ね同じ時期であったため、一時、官邸での次官会議がミニ士交会の観を呈した」

中央官庁はタテ割り組織なので、ともすればヨコの連絡が悪くなるのですが、その中で二つの例外があると、首藤は書いています。その二つとは、「旧制高校の仲間意識」と「戦時中に海軍で一緒だったという同族意識」だというのです。

このことは、高度経済成長期に、同族意識によって、タテ割り行政を超えて行政の円滑さを進め得たということになります。しかもこの期はまた、大手企業の幹部や銀行の幹部も多いのですから、高度成長時の主要な実働部隊たり得たということになります。

さらにこの期は、何人かの国会議員を生んでいます。司法界にも人材が送り出されています。第十一期生だけでもこうなのですから、短現全体で見れば、彼らが昭和三十年代の終わりから昭和四十年代にかけての日本社会を動かした一大勢力であったことは否定できないでしょう。

日本の国力差は「大人と子供」

高度経済成長期の十四年間を考えるとき、政治家とそのブレーングループ、企業などに対する許認可の権限を有する官僚グループ、金融機関をはじめとする企業グループ、そして現場で働く国民、という四つのグループを想定し、そこを貫いた精神は何だったのか、について見ておくことが必要になるでしょう。その精神の特質とは、前述のポール・ジョンソンの見方を踏まえれば、ひとたび目標を定めたなら直線的に進むその国民的性格に行き着くのです。

繰り返しになりますが、胎動期における政治家、躍進期における官僚グループ、金融機関をはじめとする企業グループ、そして国民のエネルギーが組み合わされて爆発的な状態になったことが、高度経済成長が成功した理由だったと言えます。これらグループが一丸となって経済発展に注力していくプロセスからは、この国が戦争を自省する姿勢を酌み取ることもできると思います。

それを具体的に確かめる前に、ある事実を示しておきます。それは私の実感でもあるのですが、高度経済成長によって物量が行き渡る社会が生まれたとき、「かつてアメリカとの間にあれほどの物量差があったのに戦争をするなんて愚かだった」という声が事あるごとに挙げられたのです。そういう反省が戦後のある時期に常識にもなりました。

しかしこの論法にはおかしなところがあります。では、物量でアメリカに伍していけたなら戦争をしてもよかったのか、という問いが生まれるのです。高度経済成長それ自体を、戦争の悲劇の清算だったと考えるには、その内容を物量で論じてはいけない。そうではなく、この問題を歴史的、精神的に論じることの重要さを認識したうえで、分析していく必要があるのです。

昭和の終わりごろ、私は高度経済成長時に社会の舵《かじ》取りを行った短現出身者たちへの取材を進めました。彼らの大半はすでに第一線を退いていたのですが、彼らの間の絆《きずな》は強く、確かに海軍魂のような精神を持っているように感じられました。同時に、太平洋戦争が、彼ら主計将校の目には「無謀」と見えた側面について、具体的に指摘していたのが印象深くもありました。

彼らがどのようにして高度経済成長の舵取りを行ったかについては次章でも後述しますが、まず、太平洋戦争がいかに無謀であったかを検証しておきましょう。これは主計将校の目から見ても、高度経済成長時代の感覚から見ても、考えられないほどの愚行と言う以外にないのです。

さきほど説明しましたが、高度成長に三つの段階があったと考えられるように、満州事変から太平洋戦争終結までの十四年間にも三段階があったと見なすことができます。これは戦争の「挫折期」に当たりますが、日本とアメリカの国力の差、あるいは兵器生産の差を見ると、まるで大人と子供の差とでもいうべき様相を呈しています。

昭和十五年の鉄の生産量は日本が五〇〇万トン、アメリカが六五〇〇万トン、石油の生産量は日本が二〇万キロリットル、アメリカは三一〇〇万キロリットルでした。戦争にまったく勝ち目などない状態となった「崩壊期」に当たる昭和十九年の国力比では、航空機の生産機数が日本が二万六五〇〇機、アメリカは九万六〇〇〇機でした。造船は日本が一七五トン、アメリカは一九〇〇トン。さらに戦車になると日本の生産台数は二五九輌、アメリカは二万九五〇〇輌です。むろんこのような数字は国民には知らされていません。

戦争の原価計算ができない軍事国家

しかし、主計将校には当然ながら知らされていたでしょう。国力比では二〇対一と言われる状況を把握して、主計将校たちはどのような感想を持ったのでしょうか。

さらに言えば、国民所得に対する軍事費の占める割合は、日中戦争が始まる昭和十二年、つまり「挫折期」の始まりの時点では、およそ一六％にすぎなかったのに、昭和十九年の「崩壊期」の後半には、国民所得が五六九億円なのに対して軍事費はついに七三五億一四九五万円にまで達しました。つまり、国民所得を超えて戦費が必要な状態になったのです。

こうした分析は、軍官僚だった中原茂敏の著書『大東亜補給戦』などにより、戦後になって明らかにされたのですが、戦時下では極秘の資料でもありました。しかし主計将校たちは、このような数字に触れていたわけですが、その時にどのような感慨を持ったのかは彼らの残した資料では明らかになっていません。

こんな数字を基にして戦争を行うという姿勢が、経済を学んだ主計将校に不信を持たれたのは不思議ではありません。彼らが、こんな数字で戦争を続ける軍事指導者を内心密かに軽蔑したであろうことは容易に想像できます。実際に匿名だとの条件で、「戦争の原価計算のできない軍事国家を二度と作ってはいけないというのが、短現で学んだ者たちの共通の意識だ」と私に証言した元主計将校の官僚もいました。

戦時下、国力比の具体的なデータは国家機密であり、一般の国民には知らされていませんでした。もしそのような情報に関心を持ったなら、スパイとして逮捕されたに違いありません。しかし主計将校たちにはそうした国家機密の一部は知らされていたのです。短現出身の主計将校たちは、そのような秘密に触れても、当時はアメリカの国力そのものを見つめる目を持っていないために、いずれは日本がアメリカを軍事的に制圧して戦いは終わるだろうとの思いを持っていたと言います。

私は短現出身の元主計将校に相次いで何人かと会っているうちに、彼らは短現制度のもと、海軍内部に身を置いていると海軍魂なるものに触れ、少しずつこの戦争の実態がわかってきたという話をするようになっていきました。その一人である元主計将校は東京商科大学（現・一橋大学）出身でしたが、軍人たちは戦費がどのようにして捻出されるのかは十分に知らず、大量に紙幣を刷ればいいとの感覚であったと言います。

「よくも戦争などに踏み切ったものだ、と私も思うようになりました。これは主計将校として知ったのですが、開戦前後の頃、日本は年間四〇〇〇万キロリットルの石油を消費していたそうです。その九割は輸入ですが、一般的には知られていませんでした。この輸入先はアメリカが中心で、供給の七〇％から八〇％はアメリカからでした。つまりアメリカと戦争するということは、世界戦略などわれわれの常識のまったく外にあったということですからね」と振り返っていました。

経済の実態的なありようを見ようとしない、こういう自分本位の考え方に、主計将校はなじめなかったのです。軍人たちは、主計将校などはカネの計算をしていればいいと見ていたと言います。

国家機密に触れた主計将校

主計将校たちは、たいていは次のような形で国家機密に触れることになります。これは短現の第十二期生たちの著した同期会誌『激動の青春――学窓から短剣へ』からの引用になりますが、呉工廠《くれこうしよう》に送られた主計将校は次のように書いています。

「(昭和二十年に入ると) 戦局はとみに悪化し、会計科長から軍の機密だがと前置きして、『わが軍の保有物資は約三ヵ月分を余すのみである。九月には本土決戦を覚悟せねばならない』と申し渡されました」

この主計将校は、横須賀工廠で購買関係の仕事に就かされていましたが、実務は古参の書記がやっていて、仕事らしいことはほとんどなかったと言います。彼は書いています。

「仕事らしいことは、何ひとつした記憶はない。記憶に残っていることといえば、青森県八戸に軍馬三十頭を買いに出張して、無事任務を全うしたことぐらいである。その実、軍服を着て書記のお供をしたというほうが当たっているかもしれない。燃料不足のため自動車を荷馬車に切り替えるのが目的の軍馬購入なのだから、情けない。しかもヤミ屋を東京から同行した。海軍の威信も地におちたもんだとあきれられている」

主計将校は、開戦当初は確かに本来の仕事である主計（経理）の仕事に従事していました。ひとつの海戦で傷ついた艦船の修理のために、失った鉄はどこから調達するか、この修理をすることにどれほどの価値があるのか、などを計算するのです。こういった戦争の原価計算などはどの時期にも必要なはずですが、次第にそんな計算はしなくなっていきます。たとえしようにも、正確な情報が伝わってこなければ、計算が成り立たなくなってくるのです。

国力の差は歴然としていて、戦争も中盤から後半にかけては、さらにその差は広がっていきました。昭和十六年から昭和二十年八月までの間、日本は国内体制のすべてを航空機製造に向けていき、六万八〇〇〇機をつくります。しかしアメリカはおよそ二九万機を製造して、それを日本との戦いにつぎこんできました。ドイツ敗退後、先述したように日本は世界のほとんどの主要国と交戦状態になっていくのに、戦備といえば、鉄・アルミニウムなどすべての資源が不足しているため、充分に航空機をつくることができなくなりました。

それを補うのが、つまりは特攻作戦だったのです。主計将校たちは、自分たちとさして年齢の違わない特攻隊員の死を目撃するようになります。当然ながら言いようもない複雑な感情が湧いてきます。横須賀の海軍施設部に配属された主計将校は、次のように書いています。長くなりますが、しかしこの一文は重要なので引用しておきたいと思います。

「特攻基地（注・神之池《ごうのいけ》）の実際のすさまじさであった。初めて親子飛行機の子にあたる、翼に爆弾をつけた一人乗りの特攻機を見たとき、これに乗り込む隊員の気持を思って胸が詰まった。連日の訓練でもよく事故による犠牲者が出た。まだ技術的には未熟な者が多かったにもかかわらず、特攻隊員の多くは、予備学生出身であった。熟練度の高い海兵や少年飛行兵の生き残りは、本土決戦の日に備える取っておきの戦力として温存されていると いう噂であった。航空用ガソリンの逼迫《ひつぱく》でろくに練習もさせてもらえない隊員が、優秀な装備を誇る敵船隊にこのような親子飛行機で特別攻撃をかけても、その成果はほとんど望み得ないことは自明であった。何のため死ぬのか？　死に甲斐すら、あやふやな彼らであ

った。（中略）
なによりも異様なのは彼らの眼の光であった。とても常人のものとは思えなかった。無理もない。彼らは若い身空で一〇〇%の死を宣告されていたのだから」

日本の敗戦は必然だった

物理的な国力の差は、このような非人間的な現実を生んでしまったのです。「経済」を無視して「戦争」に突き進むことは、人間を「戦力」とみなす錯誤に至ったのです。主計将校という立場にあった者たちは、この現実を記憶の底に深く沈めて、戦争と向きあったのです。戦後においてもそうでした。彼らが平時の社会で、「軍事」ではなく「経済」によって国民の生命を保障しようと考えたことは、戦後の人間的な表現としてよく理解できます。

短現出身の主計将校ではありませんが、この世代の一人として、戦後、太平洋戦争のいびつさを批判した実業家に、森本忠夫がいます。森本は、同世代で特攻隊員として逝った学徒に強い思いをこめて昭和研究に勤《いそ》しみ、『魔性の歴史』とか『特攻』という書を著しています。森本は戦後、京都大学経済学部を卒業した後、東洋レーヨン（現・東レ）に入り、主に国際貿易の先頭に立って高度成長を支えた一人でもあるのです。そして晩年は、著述に没頭しています。

森本は、戦争という時代に生きた我々の生は、つまりは「国家的ゲバルトによる強制」だったと断定しています。森本は、あの戦争の内実を丹念に調べ、アメリカとの国力の差をさらに具体的に精査していったうえで、現実を分析するときの「無知、愚行、狂気」という尺度を批判するのです。「国家の総力をあげて戦う」との意味は、軍事費と国民総生産（GNP）の関係を冷静に見つめることだとして、ビジネスマンとしての分析を行っています。

アメリカは戦時下にあっても軍事生産を伴う新しい技術への投資を進めています。つまり軍事産業をテコに、そこに新製品、新技術を持ちこんで、科学技術総体の力を強めていきました。対して日本は、生産設備そのものが不足していて、そこに新技術の開発など考えられもしませんでした。

森本は、「日本とアメリカとの国力の差は、単に軍事力に開きがあるのではなく、その基本的な潜在力のあまりにも大きな開きに愕然としてしまう」と書いています。航空機や戦車を製造する能力に差があるだけでなく、その生産プロセスにおいてより高い次元を目指す体力がアメリカには備わっているというのです。そうすると、昭和三十年代後半からの高度経済成長は、アメリカ型の戦時下潜在力のひとつの現れであり、アメリカでは戦時中から経済と技術の成長が進んでいたということになります。

潜在工業力を昭和四十年代に実らせた日本の高度経済成長は、短現出身者の能力が十二分に生かされたことになるのですが、もしアメリカのように、戦時下に主計将校たちの能力が発揮されるような「場」があったなら、戦後の日本社会は異なった力を持つ国家になったかもしれません。つまり、戦争の十四年間に、後の平時につながるような発想や技術、さらには心理的な余裕を持ちあわせていたなら、戦後日本の経済発展は物量主体の高度経済成長とは別のプロセスがあり得たのではないでしょうか。

ただ、もし戦時下の日本社会に潜在工業力を発揮させるような意識があれば、十四年間、戦争を戦うこともなかったでしょう。やはり高度経済成長の爆発的な十四年間は、壊滅に至る戦争の十四年を裏返したものだと断言できるのです。

第二章　高度経済成長は「戦争と表裏一体」だった

——近現代史は「十四年周期」で動く②

「戦時下の日本人は本来の日本人ではない」

戦後は大学教授、そして神奈川県知事などのポストを歩んだ長洲《ながす》一二《かずじ》は短現第十二期生でしたが、この期の一人が長洲の先見性を書き残しています。

この戦争の原因は何か、とその人物が長洲に問うと、長洲は「この戦争が満州事変以来、日本が採ってきた無謀な大陸政策の不可避的な結果であることを説明してくれた」と言うのです。「政府は見通しが立っているのか」との問いには、次のように答えたと言います。

「見通しなんか立っているものか。政府は毎日困った、困った、と言っているだけさ」

戦時期日本を確かな歴史観でとらえていた長洲は、戦争の次にくる十四年をも考えていたのではないかと思えてきます。第一章で述べたように、短現の世代に共通する理念があります。それはまさに、「戦争をひっくり返した経済によって、この国を豊かにする」ということです。

「海軍精神（たとえば『五分前の精神』など）はさして役立たなかったにせよ、短現の仲間との戦後の交流がもっとも大事な財産です。大蔵次官のときに、通産、厚生、文部といずれも短現の仲間、これが役立った」と大蔵事務次官、その後日本たばこ産業株式会社の社長などを務めた長岡実は証言しています。

長岡らの高度経済成長の実働部隊が、その政策をどのように進めたのか、本章では具体的に調べていきたいと思います。

繰り返しますが、高度経済成長は、池田内閣の所得倍増計画に端を発し、それを大蔵省・通産省の官僚、池田内閣を支えた財界人、そして各界の中堅の実働部隊、現実に汗水を流した国民各層の総合力が結実したものでした。各界の中堅の実働部隊として、戦時下の短現出身の官僚、産業界の経営層、金融機関の人材がいたわけですが、これらの各グループに共通する意識が、「戦時下の日本の姿は、本来の日本人の姿ではない」との認識だったと思います。

そのことは私自身、たとえば昭和五十年代に池田首相の秘書であった伊藤昌哉に確認したことがあります。伊藤はためらいもなく、「あんな国家ヴィジョンに欠ける戦争をするなんて」と吐き捨てるように言ったのです。私は伊藤を通じて池田首相に連なる政治家に会いましたが、多くはそのような意見でした。

戦争直後の財界人の思想とは

さらに付け加えておくと、昭和四十年代にある出版社が『財界人思想全集』といった全集を刊行したことがあります。近代日本の財界人がどのような考えを持っているかということを取材してまとめたものですが、私は別の出版社に属していたにもかかわらず、この全集にアルバイトの形で参加した体験を持っています。私が担当したのは、日本興業銀行の幹部たちが、どのような青年時代を送り、戦時下に何を考えていたかなどについて聞き、その考えをまとめることでした。

全集で取り上げられたのは、近代日本の著名な財界人である渋沢栄一、五代友厚、岩崎弥太郎から松下幸之助、大原孫三郎、桜田武、石坂泰三など、実に幅広い人選でした。私もそれらの人物の何人かを調べて書きました。財界や企業に特に関心はありませんでしたが、彼らが自らの時代にどのように生きたのかを確認することは、発見が多く、やりがいのある仕事でした。

もう五十年も前のことになります。中山素平《そへい》、湊守篤《みなともりあつ》、日高輝《てる》の各氏に話を聞きました。それまで私は日本興業銀行の性格や役割について詳しく知らなかったのですが、この銀行の広報担当者から懇切丁寧な説明を受けました。産業界の経営指導を行うのも仕事であること、そして銀行の中の銀行という言い方にも興味をひかれました。彼らの学生時代や新入社員の頃、さらには近代日本の経営者では誰が優れているのか、などの話を彼らに聞いて歩きました。

各氏の話はそれぞれ印象的でしたが、こと戦時下の話になると、一様に眉をひそめるのです。直接、戦争に赴く世代ではなかったのですが、軍事費をふくらませながら遂行される戦争に良い思い出がないらしく、それよりも戦後復興にいかに心血を注いだかを熱っぽく話してくれました。

三人とも、基幹産業の立て直しこそが発展の中核であると語りました。彼らは、戦争を克服することは、経済発展を実らせることだと考えていたように思います。

伊藤昌哉やこうした財界人に話を聞くと、高度経済成長への共通の思いが強く伝わってきました。「あんな戦争を行ったことは歴史上のマイナスだと誰もが考えるだろうが、我々はその評価をひっくり返してやる」といった情熱が彼らの根底にはあったと思います。

それを踏まえると、池田勇人や宮澤喜一、大平正芳らの宏池会のメンバーが、六〇年安保で社会が混乱する以前から所得倍増計画を明らかにしていたことの意味がわかってきます。それをエコノミストの下村治や中山伊知郎などが理論化するという形で高度経済成長が進んでいったのです。

高度経済成長の「十年後」を報じる朝日新聞

池田の所得倍増計画は、首相の諮問機関である経済審議会で検討されて具体化されたのですが、下村理論を骨格とするこの政策が実際にはどんなものなのか、特に十年後にはどんな影響を及ぼしているのかについて、当時の『朝日新聞』が報じています。そこで描かれた日本社会の姿は、雇用が近代化されて次のような社会ができるだろうと予想されていました。

(一)雇用関係が近代化していく。社員は時間を売るのではなく、能力を売る。
(二)一人当たりの賃金が基準年次の一・九四倍になる。
(三)同一労働、同一賃金となり、年功序列は廃止に向かう。
(四)労働組合は産業別、地域別組合に変わる。

これは『朝日新聞』の報じた内容なのですが、政府もこの方向を目指して努力することを明言しています。これは、当時の言い方では「アメリカ型社会の到来」ということになります。つまり、ここでわかることは、高度成長はアメリカ型社会への道筋を開くということです。当時の報道を見ると、日本が太平洋戦争で敗北したことは、つまりはアメリカ型社会の勝利を意味し、日本は今後はそのような社会を目指すとの意味があると理解できるのです。

そのことを明確に指摘したメディアはありませんでしたが、それは有識者たちの暗黙の了解でもありました。それは今こうして時代をマクロの目から見てみるとわかることです。

当時のメディアはより具体的に、我々の生活がどのように変化するかを「食生活は欧米風になり、肉の摂取量が増える」と言い、テレビ、冷蔵庫は行き渡り、自動車は、今は一〇〇〇人に三台だが、これが二二台になると予想したりしています。住宅はマンションが増え、下水道などの生活環境は、都市では七〇%は整備されるというのです。

こうした具体的で、より整備された生活環境が提示されることは、国民に大きな刺激を与えることになりました。当時の国民にはまさに夢のような変化でしたが、十年後には実現可能だというのです。同時にこれは国民のエネルギーによって完成されるというのです。国民の労働意欲は刺激されることになりました。

もちろんこうした生活環境の変化を鼓吹する役を果たしたのは、広告会社のキャンペーンでもありました。この頃から、企業は庶民に夢を売る、あるいは情報を発信する拠点になったのです。

このように、社会全体が目標を定めてそこに向かって直線的に進む姿勢は、すでに記したように日本人の特徴でもあるのですが、その意味では戦争の時代もまたこの通りのことが行われたのでした。そう考えると、昭和には「戦争」と「経済」という二つの大きな舞台があり、国民はその舞台でドラマを演じたとも言えるでしょう。この二つの舞台を、国民的なエネルギーが噴出した空間と見ると、エネルギー噴出後の歴史は、しばらくは空虚な時代になるのは避けられないのかも知れません。

高度経済成長を担った「三本柱」

高度経済成長政策を進めた池田首相やそのブレーンの下村、そして池田の秘書である伊藤については何度か触れてきましたが、財界でこの政策の推進役となったのは、池田政策を支えた通称「財界四天王」と言われる、前述の桜田に加えて、小林中《あたる》と永野重雄と水野成夫《しげお》の四人でした。彼らはこの政策を財界側から支援するだけでなく、積極的に池田の顧問役を引き受けました。

戦時下、財界はまだ存在しているとは言い難く、彼らは軍需生産の下請けのような役割を担わされたことにいら立っていました。高度経済成長は、財界の支援を得ることで、本格的に軌道に乗ることが約束されたのです。

しかし一方、高度経済成長を楽観視しない勢力や厳しく批判する論者も少なくありませんでした。主に反対したのは、マルクス経済学者たちと下村理論に批判的だったエコノミストたちです。マル経の経済学者は、そもそも資本主義経済は破局に向かうという理論を持っていましたから、こと高度経済成長など歯牙にもかけませんでした。認識の前提が違うのです。だから資本主義経済の延命策という認識がほとんどでした。

下村はこれに対し、ケインズ理論を基にして鋭く反論しました。むしろこの政策は、現在の資本主義が抱える矛盾を解消する、もっとも有効的な財政政策であると主張したのです。さらに、安定成長に傾きがちな大蔵官僚を鼓舞する意味も含めて、池田政策に理論的なお墨付きを与えました。

「経済を生き物として捉えていくのが自由主義経済です。計画経済の見方を取る人は企業の努力がどれだけのものか知らないのだと思いますね」

と下村は、マル経的な計画経済の立場からの批判を一蹴します。つまり、企業の底力を信じ、日本人の勤労意欲やそのエネルギーの結集する作用に刮目《かつもく》していくところにこの政策の成否があるとの見解に、国民は納得したと言えるのです。

実際に池田内閣は昭和三十六年度の予算編成に二大方針を定めましたが、その第二項には次のようにありました。

「財政の健全性を保持する方針のもとに国民所得の倍増を達成するため緊要な施策を推進する」

その上で減税、社会環境整備、産業構造再編成の三本の柱が立てられます。こうした方針は重要な柱となっていったのです。日本経済が国際社会での競争に耐えられる体質を持っているのかといった疑問が各界から寄せられても、池田は首相として方針を変えませんでした。歴史からの視点で見れば、この姿勢が高度経済成長の成功につながったのです。

以上のことを踏まえて、短現出身の主計将校と高度成長の関わりについて、さらに考えていきましょう。もともと短現という制度を考え出した日本海軍は、戦争の原価計算については陸軍より進んでいました。アメリカで艦艇や航空機の製造現場を見てきた海軍の軍人たちには、その製造費などの知識を身につけることが必要だという考えが定着していました。その知識が、海軍の教育カリキュラムのなかに盛り込まれていたのです。

日本の艦船をすべて把握していたアメリカ軍

ある短現の将校は、海軍の燃料廠で石炭などの原価計算をせよと命じられます。徴用工の費用、炭鉱から運び出して各工場までどの程度の費用がかかるのか、それを計算せよと命じられます。各地にその石炭を運ぶのにどれほどの費用がかかり、それがどの程度戦備の充実に役立つのか、それも計算しなければなりません。

そういう仕事に携わった将校は、「戦況が悪化するとそんな計算なんかできるわけがない。なにしろ石炭などは積み荷のまま港でたなざらしになっているのですから。資料は山のように溜まる。生産調整の仕組みも曖昧であり、計画性のないことをしていました。つまり日本軍は、戦争の原価計算以前の問題が多すぎたということです」と証言しました。

このような体験がすべて高度成長期の有効な教科書になったのです。実際にこのような体験を持つ者がほとんどで、壮大な無駄と無計画が太平洋戦争の特徴であり、これを克服することが大切だと気づいたというのです。高度経済成長期は新製品の開発と生産管理、それに商品の流通が鍵になるのですが、それはすべて戦時下での教訓から得ていたことでした。

主計将校は軍の機密そのものに日常的に触れます。これも彼らの証言によるのですが、特攻基地の設営隊の役を担わされた主計将校の一人は、「隊員受け入れ手配、隊旗・組織図作成、庶務、人事、経理、衣料関係の帳簿、伝票類、糧秣《りょうまつ》、備品、酒保物品などの受け入れ、仕入れ、給料支払いなどの金銭出納」などのほか細部にわたっての仕事に携わります。当然ながら戦力のすべてが手に取るようにわかるのです。ところが、敗戦必至という現実はわかっていても口には出せません。

そのジレンマに苦しんだということは、彼らのうちの誰もが明かしています。同時に、アメリカの戦力が日本とあまりにもかけ離れていることに愕然としたという本音も漏らしています。将校の一人は、撃墜したアメリカ軍のパイロットが日本の軍港に停泊しているすべての艦船名を正確に記述した地図を持っているのを見て愕然としたと証言していました。本土決戦の準備は早くから進んでいたことが予想されたというのです。

日本に勝ち目はないとの見方を、主計将校たちは早くから持っていました。日本は単に小手先で負けたのではなく、国家としての総合力で敗れたのです。

私は主計将校たちから、あけすけな敗北の言を聞きました。「日本の国家のシステムはアメリカと比較するとまさに大人と子供、あまりの開きに現場で戦争の実態を見て絶望感を抱いたが、高度成長はそれを取り戻すチャンスだったということだね。でもそれも今となっての回顧で、やはりアメリカには勝てなかったと思う。アメリカの助けを借りての高度成長だからね」。これなど、十分に頷ける言でした。

海軍の戦法から生まれた護送船団方式

短現出身の主計将校はどういう形で高度成長の担い手になったのでしょうか。かつて私は次頁のような表をつくったことがあります。ここに名を挙げた人たちは、いずれも短現出身者で、日本経済の要人たちです。高度成長が終わった後になりますが、昭和五十一年ごろに活躍した経済人を中心にリストアップしてみました。政界、財界、官界に名を連ねるそうそうたるメンバーで、いずれも高度経済成長の担い手でした。

このリストとは別になりますが、彼らは大体が大正の初年代の生まれです。日本軍が真珠湾攻撃に踏み切った時には二十代半ばから後半の者が多かったのです。彼らの多くは大学教育で法律、経済、商法を学んでいたために、観念的な思考法とは一線を画していまし

短期現役士官制度出身者

氏名	肩書
垣水孝一	大蔵省印刷局長
和田宏	野村證券専務
神野三男	名鉄グランドホテル社長
谷伍平	北九州市長
林田悠紀夫	京都府知事
松本昭郎	春秋社社長
山中清一郎	三井信託銀行社長
山本重信	トヨタ自工副社長
除野信道	上智大学教授・経済学部長
渡辺文夫	東京海上火災保険社長
小坂徳三郎	信越化学顧問、衆院議員
澄田智	日銀副総裁
村瀬利直	兼松江商会長
山下敏明	福岡銀行頭取
浅野賢澄	フジテレビ社長
板倉俊雄	日本アジア航空社長
加瀬忠雄	日本電子社長
渋谷直蔵	衆院議員
辻辰三郎	検事総長
堤新三	三井物産副社長
松野頼三	衆院議員
大村襄治	衆院議員
大慈弥嘉久	アラビア石油社長
中曽根康弘	内閣総理大臣
鳩山威一郎	参院議員
早川崇	衆院議員
向井重陽	三菱銀行副頭取
尾形典男	立教大学総長
千代賢治	住友生命保険社長
松岡謙一郎	テレビ朝日副社長

氏名	肩書
大竹進	トヨタ自販副社長
中西一郎	参院議員
宇都宮忠夫	東芝商事社長
宇野収	東洋紡社長
川崎稔	第百生命保険社長
小林義治	産経新聞社専務、日本工業新聞社長
中島信之	外務省儀典長
渥美健夫	鹿島建設会長
石橋幹一郎	ブリヂストンタイヤ会長
氏家卓也	ダイヤモンドリース社長
緒方太郎	千葉銀行頭取
大津留温	住宅金融公庫総裁
金子兜太	俳人
岸昌	大阪府知事
住栄作	衆院議員
田原修	トーメン副社長
土田國保	防衛大学校校長
西堀正弘	国連大使
馬橋隆二	大宮市長
御巫清尚	外務省研修所所長
森下泰	参院議員、森下仁丹社長
山本鎮彦	警察庁長官
山本壮一郎	宮城県知事
土屋計雄	第一ホテル社長
松井哲夫	みどりや社長
三井脩	警察庁次長
高橋元	大蔵省主税局長
長洲一二	神奈川県知事
吉田富士雄	サントリー副社長

※肩書は1981～82年ころ（著者作成）

た。加えて、これは海軍の方針だったのだと思いますが、面接での口頭試問で東條英機陸相の戦争指導を批判気味に語る者も少なくなかったのに、試験官が笑顔だったということもあったといいます。

戦時下においても、そういうある程度自由な空気を呼吸していたことも、戦後における彼らの人気につながっていました。短現の主計将校教育は、大和魂が事態を乗り切る鍵だといったような空論は排除する傾向にあったのです。

主計将校たちは、何よりもモノとカネのみで戦争を見つめよと檄《げき》が飛ばされたといいます。航空母艦が一隻沈められると、どれだけの損害になるか、戦争とは経済の代償行為だ、果ては精神論で戦いができるなどと思うな、といった具合に、とにかくモノ、カネで戦える限界点がどこなのか、そう問うていくような現実的な発想を貴べと説かれたといいます。

短現出身の主計将校たちが進めた高度経済成長政策の成功例に、日本式の「護送船団方式」がありました。これは太平洋戦争時の海軍の戦法の一つです。もともとは、最も速度の遅い船に全体の速度を合わせて海上を進むことを指しています。第二次大戦ではアメリカ、イギリスなどが対ドイツとの海上戦で用いた戦法なのですが、日本も時には用いました。

高度経済成長期には、大蔵省の金融機関への行政指導がそうでした。競争力の弱い金融機関が落伍しないように行政官庁が業界全体をコントロールしていくのです。むろん金融機関だけでなく、基幹産業などでもそのような行政指導が行われました。どのような事態になっても弱い企業を潰さないというのは、護送船団方式の鉄則でした。この政策は、高度経済成長の要だったのです。

「僕らの方が反戦主義者だよ」

しかもこの方式は、ある意味では人間関係によってより緻密に行われました。短現出身の主計将校は仲間意識でこの結び付きを確かめ合ったといいます。そのことは表にある人脈が、モノ、カネ、ヒトの三位一体であることを示しているとも言えます。

あえてつけ加えておかなければならないのですが、この方式は一面で社会主義的要素が強いとも言われていました。どのような事情があろうとも弱い立場の者を潰さないということは、自由競争の否定とも言えるからです。日本の高度経済成長が成功したのは、社会主義的政策のためだと言われることがあるのは、このことを指しています。

私は、昭和五十年代に短現出身の主計将校を何人も取材してきて、個々人の心情の底にはそれぞれの戦時体験があるにせよ、あの戦争で逝った仲間、その仲間を通じて戦死者全体に対して強い哀悼の念を持っていることが理解できました。それは、あの程度のモノとカネで戦争に踏み切り、そして人間をモノとカネに代置したことへの怒りでもありました。主計将校たちは戦後は、社会的に相応の地位を占めていましたから、そのような感情は表にはなかなか出しませんでした。しかしその感情は、個人的な会話の中で、はっきりと感じ取れることがあったのです。

「財界人と言われる立場だけどね、僕らを戦争勢力だなどという左翼的言辞に、僕らは内心で怒っているんだ。バカなことを言いなさんな。僕らはあの戦争の裏を見てきて、この国は軍人の残したツケを払って、常識が通用する国にしたいという一点で経済復興を成し遂げたんだからね。むしろ僕らの方が反戦主義者だよ」

ある財閥グループの役員が怒りのこもった口調で語っていたのが印象的でした。

こうした声は、短現出身者のほとんどの見解でもありました。仲間との連帯や友情の機会をこの制度の中で育んだだけに、その仲間の死を通して戦争の愚かさを知ったというのです。第七期生の一人は戦後の文集の中で、「(第七期生は)築地の校門を巣立ち、張り切って初赴任の途についた。戦死者二十四名(保阪注・この期の卒業生は九十八人)の大半は、この日校門の『帽振れ』が級友同志として、永遠の訣別ともなった」と書いています。そこには、「彼らによって今なお我々は支えられている」との言葉もあるのです。

このように見てくると、彼らが高度経済成長にどれほどの使命感を持っていたかがわかってくるのです。しかも彼らは、戦時下にありながら、もはやこの戦争に勝つわけがないと知っていました。海軍は、陸軍よりはまだ自由に会話ができたというのですが、なかには実際にこの戦争の敗戦は必至、次の時代に備えて我々は新しい目標を持たなければならないと密かに会話を交わす者もいたとも書き残されています。

高度経済成長の背景にある「戦争に対する怒り」

私がこれまでに会った主計将校出身者の中で印象に残っているのは、例えば第七期生で、戦後は弁護士として法曹界で生きてきた馬場正夫です。彼は、戦後に仲間が集まってまとめた同期会誌『思い出――軍と人と』の中で、自らの海軍主計将校生活五年を振り返りつつ、戦争の現実がいかにひどかったかを具体的に書いています。

「(タラカン島やバリクパパンは) 今次戦争の掉尾《ちょうび》を飾るインドネシア領域の代表的激戦地であり、両戦闘を通じて日本軍は約五〇〇〇人が戦死した。私はこの戦闘において、無辜《むこ》のインドネシア人が多数戦火に巻き込まれ、あるいはスパイ容疑を受けて非業の死を遂げ、財産や住居を失うなど多大の犠牲を強いられたことを生涯忘れることができない」

戦争に負けるなら、負け方があるだろう、というのが彼らの心情だったとも言えると思います。短現の第十一期や第十二期などの文集を読むと、そのような記述がいかに多いかを知ることになります。高度経済成長が、戦争に対する怒りに支えられた繁栄だったということを、私たちは痛切に知っておくべきなのです。

高度経済成長の成功は、実質国民総生産（実質ＧＮＰ）と実質経済成長率（名目経済成長率から物価上昇率を差し引いたもの）の推移を見ていくとよくわかります。実質ＧＮＰは右肩上がりで伸び続けています。これに対して、実質経済成長率は前年の伸びが高いとその翌年はダウンするという繰り返しが続いています。第一次石油危機のダウンがいかに大きかったかもわかってきます。国民は確かに豊かになったのです。

こうした事実は池田内閣の高度経済成長が極めて順調に推移したことを物語っています。エコノミストたちの勝利といってもよいのですが、このことはもうひとつの戦いに決着がつくことでもありました。これは実際にはエコノミストたちの間の戦いとも言えます。つまり、高度経済成長などとうてい無理だと主張していたいくつかのグループとの戦いです。

その一つは、経済企画庁のエコノミストたちだったと、竹内宏『エコノミストたちの栄光と挫折』は分析しています。

また、マルクス経済学者は、資本主義経済は内部矛盾によって崩壊すると信じているから、ゆくゆくは破綻すると主張していました。それによって暴動が起こるといった古典的な理解のもとにいたと、前述の竹内宏は見ています。

日本経済はいずれ構造的不況に陥るとの予測を立てていたのは大蔵省で、これは、財政支出を増やしたくないというこの官庁の本能からだといいます。さらに大蔵省出身の財界人は設備競争を嫌い、「価格維持を好む」というのです。竹内の分析によると、「インテリ風の学者・エコノミスト」も設備投資主導の高度成長に批判的だったとされています。

大学生の反乱は何を意味したか？

下村治や金森久雄らはこうした意見に対抗し続けていました。下村の予想した実質経済成長率は的中したのです。下村は次第に自信をつけて、高度経済成長は設備投資の成否にかかっているという論で批判に対峙していきました。

高度経済成長が成功することは、エコノミスト間の基本的な対立をも含んでいたのです。したがってこの成功は、大蔵省出身の正統派エコノミストやマルクス経済学者との論戦、さらには学者の社会での発言権確保という争いにも影響を与えたと言うことができます。

高度成長によって日本社会は、次第に企業の力が強くなっていったといっていいでしょう。このことによって、昭和四十年代に入ると、日本は債務国から債権国に変わりました。海外への投資額も一気に拡大していきます。何より日本企業は、相次いで国際社会に出ていくことになります。

企業の力が強くなると、それに伴って、日本社会も変化していきました。雇用は安定し、勤労者の給与も上がり、個人の社会生活は一変しました。昭和四十年代の半ばになると、昭和元禄といわれるように社会が安定の末に野放図な空間ともなりました。日本は、あっという間に別世界になったかのようでした。

昭和四十年代の半ば、私はある出版社に身を置いていたのですが、そこにはアメリカの五十代前半の研究者らがよく訪れてきました。彼らと話していると、「第二次大戦で負けた日本がなぜこんなに発展したのか、不思議に思う。我々もよく議論するんだが、やはり軍備を持たずに、アメリカに依存しているからだろう。その分、日本も出すものを出してもらわなければ」といった言を聞かされたものです。

戦後の日本社会は軍事に関しては極めて潔癖でした。それは、高度経済成長によって「豊かな社会」をつくりあげることで戦争を克服し得たという自信がついたからでもあります。

ところが、昭和四十年代の半ばから、大学生による反乱が日本全土に広がっていきます。それはいわゆる全共闘運動、そして反戦グループの青年労働者に広がっただけでなく、高校生にまで浸透していったのですが、あの激しい潮流は何を意味していたのでしょうか。

太平洋戦争の敗戦による国土の荒廃、そして精神の退嬰《たいえい》。そしてそれらを乗り越えるために歴史に刻んだ高度経済成長。大学生による反乱は、こういった戦後日本のたどった歩み、つくりあげた体制に、新たな角度から異議申し立てが行われたとも思えるのですが、前世代への否定によって新世代が現れてくるといったこの精神史的なサイクルを、いま私たちはどのように考えるべきなのかと問うてみることが必要だと思うのです。

アメリカからの感情的な日本批判

昭和四十三年は、昭和という時代にあって、記録し記憶されなければならない年です。昭和六年の満州事変から昭和二十年の敗戦までの期間を戦争の時代と見ると、昭和十六年の真珠湾攻撃はその崩壊への曲がり角でした。それと同じことが、昭和四十三年には言えたのです。この年は、まさに高度経済成長期の曲がり角になりました。

この年に、日本のＧＮＰ（国民総生産）は世界第二位になりました。輸出額もアメリカ、西ドイツに続いて第三位になります。戦争の敗戦国が世界経済のトップグループを走るというのは、確かに異様ではありました。

日本は驚異的なエネルギーで世界を驚かせましたが、それは日本の貿易収支が黒字になることに対する反発が大きくなることでもあり、特にアメリカは自国の貿易収支が赤字であるのは日本の対米輸出の増大に原因があると批判を強めます。

日本の貿易関係者やエコノミストたちは、アメリカは経済政策の失敗を日本のせいにしていると反発しました。昭和四十三年ごろからのアメリカによる日本批判はきわめて感情的になり、しばしば日本の対米進出は真珠湾攻撃にたとえられたりもしました。

現実に日本の経済構造は輸出主導になり、日本商品の競争力は国際社会で一定の地位を確保することになったのです。国民の勤労意欲、企業経営者の努力、それに消費者の国産品への信頼、そういう総合力が経済の成功に結びついたと言えます。その立場に立つ論者たちは、何よりも円の切り上げ（対ドル為替レート切り上げ）に反対しました。輸出主導に対しての最大の敵は、円の切り上げによる輸出産業の鈍化です。そうなると日本経済は一気に冷え込むと判断しての反対論が、日本社会に広がったのです。

竹内宏『エコノミストたちの栄光と挫折』からの引用になりますが、「国会議員、官僚、労働組合は、円切り上げにこぞって大反対だ。輸出産業が大打撃を受け、企業倒産や失業が発生するというのだ」との一節があります。この不安は下村治らにも及んでいたというのです。

この円切り上げは、太平洋戦争下の絶対国防圏の発想に通じていました。これだけは決して譲れないというのが日本国内の共通の意識でもあったのです。

これに対して、円切り上げ策に賛成の声もありました。それは少数派だったのですが、ケインズ理論の信奉者に多かったと言います。日本の経済構造は企業の生産力が著しく向上し、「(最新技術を組み合わせた)新幹線によって、人の移動の時間が節約され、日本経済の効率が向上し、また東京、大阪、名古屋といった大都市が一段と発達した」(竹内書)というのですが、かつてB29により徹底的に破壊された都市は、二十数年ぶりに復興どころかまったく別の都市に生まれ変わったのです。

それを失うまいとする心理が、円の切り上げへの恐怖心になっていたのかもしれません。

改めて太平洋戦争の総括へ

昭和四十三年前後は間違いなく時代の転換点ですが、海軍の主計将校への礼賛がメディアを賑わせた時期でもあります。例えば、「五分前精神で異常出世する〝海経八期生〟」の見出しの下に、短現第八期生が高度経済成長政策を担っていると語られています。この記事は、昭和四十三年九月の『週刊サンケイ』に掲載されているのですが、これを機に短現出身者の紹介が様々なメディアで始まっていきます。

つまり高度経済成長を推進する官僚、企業経営者、さらには労働組合運動の指導者など、かつての戦争体験者の心理に、ある「充足感」が生まれてきたと言ってもいいのではないでしょうか。

『週刊サンケイ』の記事では、「自分を忘れて、国家的立場に立ち、無私の立場に立って、勇敢な決断をくだす、そして責任は自分がとる、というのが戦争での収穫です」という総理府のある局長の証言が紹介されています。

一方で短現第十二期生の回想録『激動の青春――学窓から短剣へ』の中には、ある実業家の証言が紹介されています。

「（今にして思えば）武器、弾薬、食糧をなくして、日本精神だけでは勝てないこと、精神力に頼るのは間違いだということ、太平洋戦争は、戦争と言い得ず、武器なき戦いは、一方的屠殺に近いということ（以下略）」

高度経済成長政策を一歩一歩達成していく過程で、主計将校をはじめとして戦争における経済を舵取りした人たちは、一様にこのような考えを結論として持つようになったといっていいと思います。円切り上げ政策への反対、物量への信頼、そして精神力のみの見方などへの強い反発は深いところでつながっていて、改めて太平洋戦争の総括へと向かっていきました。アメリカとの物量差も考えずに戦争に入ったことの愚劣さが、なんども強調されるようになっていったのです。

しかし昭和四十三年には、これとは別にもう一つの動きがあったことにも触れておかなければなりません。それは大学生を中心にした学生運動、あるいは労働者の一部を巻き込んでの革命運動でした。
この潮流は、もともとは昭和四十年代に入ってからの学園紛争に端を発していました。授業料値上げ反対などのスローガンが掲げられた学生運動が次第に反体制運動へと変わっていきました。

学生運動と精神的空虚

さまざまな政治党派が生まれ、若者たちは革命のスローガンを口にしていくことになります。彼らはヘルメットをかぶり、タオルで顔を隠し、手にはゲバ棒を持ち、隊列を組んで街頭デモに繰り出します。彼らの政治的なスローガンとは別に、各個人の言い分はきわめて直截だったように私には思えます。

彼らは、いわば団塊の世代であり、その数は並外れて多かったのです。戦争の後に生まれたがゆえに、その多くは自分たちを受け入れる社会的な器の貧しさに怒りをぶつけました。そして高度経済成長政策によって物量の豊かさを手に入れたものの、精神的充足の欠如、心理的な欲求不満に対して強い反発を示したのです。

戦争時のエネルギーを経済に向けるという戦後日本の国のあり方に、根源的な不満を示したといってもよかったと思います。つまり精神的な空虚さへの苛立ちが、彼らの政治運動の根底にありました。

この時代の青年層の社会への怒りは、十四年の戦争と十四年の経済の時間帯に流れているものの中における、形而上の発想の欠如に対する怒りと言っていいでしょう。彼らは、昭和という時代の精神史が空虚であると告発したのではないでしょうか。

昭和四十四年一月には、東大の安田講堂に政治党派の学生たちが立てこもり、機動隊との徹底した武力衝突を行って敗北し、その抵抗に終止符を打つことになります。これは、精神と暴力の反抗が経済成長に抑え込まれるといった形でもあったのです。

この昭和四十三年にはもう一つ、高度経済成長の陰の部分が年譜の中に刻み込まれています。この年からいわゆる四大公害病が明らかになっていくのです。水俣病、新潟の水俣病、富山のイタイイタイ病、三重県四日市市の喘息《ぜんそく》を指すのですが、それらを引き起こしたのは、工場の廃水や煤煙などでした。また、石油コンビナートによる水質汚染、大気汚染などが人体に影響を与えてきたのです。公害の原因が、人間への配慮を失った経済活動にあるのは明白でした。こうした高度経済成長の負の部分が各地に露呈してくると、その対策や改善を求める動きが市民運動として現れてくるのもまた当然でした。こうした公害病の実態は、新聞やテレビの報道やノンフィクション作品、また写真集などによって世界に知らされました。

経済成長「後」の十四年

高度経済成長に伴うこのようなマイナス面、いわば豊かさを得る代わりに失うものも多いという現実は、他の経済成長を目指す国々には教訓となりました。この教訓を発した日本は、公害先進国と評されることになります。

国民の間で、経済成長をこのまま続けるべきなのか否か、真剣に論議されるようになりました。特に大阪万国博覧会を終えた昭和四十五年以後は、この問いは日常的になります。私たちはどこまで豊かになるべきなのか。物量に際限なく幸せの基準を置いていいのか。それが根本から問われていくことになっていきました。それらの問いは、戦争をどこまで続けるのかという問いときわめて似た性格のものでもありました。

昭和四十五年にＮＨＫがまとめた世論調査で、「今のような経済成長が続くことが望ましいか」という問いに、「望ましくない」との回答が「望ましい」を大幅に超えたと報じられています。このことは、生活条件が幾分かよくなるにしても、公害などのマイナス面に目をつぶることは許されないとの感情を国民が一様に持っていることを物語っていました。この事実は、政治家や企業経営者に反省を与えることになりました。

「大きいことはいいことだ」といったコマーシャルがテレビから流れたり、豊かさを際限なく追求したりするドラマにも飽きがきたように思われました。地球の資源は有限であり、それを我々の時代だけで消費していいのかといった問題も提起されるようになります。この自省は二つの方向に向かっていきました。

一つは福祉への道です。昭和四十年代初めの地方自治体選挙では、福祉をスローガンにした革新系の知事が相次いで当選するようになりました。東京都の美濃部亮吉を始め、大阪府、福岡県などにこの動きは広がります。昭和四十五年の国会では、佐藤栄作首相も「福祉なくして成長なし」と国民に約束しました。福祉には冷淡と思われていた保守党も、この方面に力を入れざるを得ない段階に入ったのです。

もう一つは、公害関連の関係法が次々に整備されていったことです。公害を生み出している企業経営者の責任を問う声は広がり、新たに株主総会に被害者や支援者が出席するという戦術も取られるようになります。

「意図せざる社会主義者」田中角栄

高度経済成長のプラスとマイナス、そしてそれを支えた国民の複雑な心理は、佐藤内閣に代わった田中角栄内閣でより鮮明になります。この内閣は、歴史上で見るならば高度経済成長に幕を下ろす役割を担ったことになるのですが、しかし成立当時は高度経済成長路線を強力に進める役割を明らかにしていました。池田首相の「あなたの給料を二倍にしてみせます」という言を、「便利で早く」といった言葉に置き換えたのです。「日本列島改造論」を打ち出し、高度経済成長の豊かさを日本のあらゆる土地に分配しようと考えました。

昭和四十七年に刊行されてベストセラーになった『日本列島改造論』の中で、田中は「都市集中の奔流を大胆に転換して、民族の活力と日本経済のたくましい余力を日本列島の全域に向けて展開すること」と訴えています。日本の各地に二十五万都市を作り、住居空間と職場空間を作って生活と職場を分散するといったアイデアが盛り込まれていました。これは日本人の農村共同体回帰であり、そこを拠点とした人間同士のつながりを重視することによって公害を避けるための知恵でもありました。

「日本列島改造論」は、庶民の物量への欲望を最大限に充足させる構想でもありました。田中は、より便利に、より心地よく、より経済効率を求めて、という方向性を追求したのです。まさに欲望に忠実たらんとしました。しかし、この構想は挫折します。この構想を見越して企業が土地の買い占めに走ったのです。居住空間づくりのために「工場追い出し税」の創設を考えると、中小、零細業者からは猛反発を受けました。この構想自体の持つ先見性は、それを上回るほどの企業エゴによってつぶされたとも言えます。

田中の秘書であった山田泰司《たいし》は、「日本列島改造論」が解体していく過程の中に、田中を持ちあげながら、それを利用していく企業エゴを読みとった旨の証言をしています。実際に、田中が物量への欲望を政策化することを、当初は庶民は支持していたのです。しかしひとたび田中が日本列島改造論の失敗を問われるようになり、さらにロッキード事件で被告人になると、庶民は、欲望を政策化することの後ろめたさ、さらには自らの心中にある欲望の放縦さに向き合うことになります。それが一気に田中批判へとつながっていきます。ここにも庶民の精神史のきわめて皮肉なサイクルが見て取れます。

私の見るところ、田中内閣の時代に高度経済成長路線は終止符を打たれるのですが、そのありさまは、いわば太平洋戦争の本土決戦にも似ていました。それらを支持した国民が自らの内面と対面せざるを得ないという点でもです。自らの欲望の肥大する姿に言いしれぬ嫌悪を感じたのです。

高度経済成長期に社会党を始めとする社会主義政党は政権が取れませんでした。なぜでしょうか。それは実は高度経済成長そのものが経済的には「社会主義化した政策」だったからだと言えるでしょう。田中はまさに「意図せざる社会主義者」だったと私は考えますが、それは貧困の解消に努め、富の分配の公正に腐心したからだけでなく、唯物思想の極限の姿を示していたからなのです。

昭和四十八年十月の第四次中東戦争で産油国が石油を戦略に用いた時、私たちの国は高度成長の終焉を迎えます。いわゆるオイルショックによって、トイレットペーパーや食品の買い占めに狂奔したのは、今となっては恥とともに振り返らざるを得ない時代だったと言うしかありません。しかしそれこそが高度成長の幕切れであったと思えば、太平洋戦争の結末を軽々に笑えないということにもなります。

それにしても最初はなんとも華々しいのに、その終末は狂態に近い状況に至るのは、それも国民性なのかもしれません。エネルギーを噴出させると一気に駆け上がるものの、最後には歯止めの効かなくなったエネルギーの暴走により破滅する。「十四年」はその単位と考えてみるべきでしょう。

第三章　明治日本は「軍事国家」の道を選んだ

――明治国家の四つのモデル

どんな国家を作るか

第一章で、近代日本の歴史が十四年周期で展開しているのではないかとの仮説を述べましたが、ここで明治政府創設の時点に視点を転じてみましょう。明治新政府の下で近代日本が始まるにあたり、どのような国家形成が目指されたのでしょうか。

慶応三年に大政奉還、江戸幕府は朝廷に形式的に政権を返上します。倒幕派が王政復古の大号令を発して、徳川家を無力化します。そして戊辰戦争を経たうえで、明治元年に新政府ができる。

明治十八年に内閣制度が創設され、初の内閣である伊藤博文内閣が発足、議会政治の準備ができていきます。伊藤内閣が力を注いだのが憲法制定と、安政五年に五ヵ国と結んだ不平等条約の改正でした。そして明治二十二年には、プロシアの立憲君主制を参考にした大日本帝国憲法が、明治天皇によって発布されます。ここに近代国家としての日本の形が整えられたと言っていいでしょう。

明治維新からここまでの二十年余りをもう一度、今日の目で検証する必要があるのではないでしょうか。これは私の言い方になりますが、日本が鎖国を解いて国際社会に出ていくこの二十年間は、「戦い」だったと考えるべきです。どんな戦いだったのか。それは、どういう国を作るかという戦いだったと言えるのではないでしょうか。

明治元年から明治二十二年の間の国家建設をめぐる戦い。それを具体的に解明する必要があるのです。まず、慶応四（明治元）年一月から翌年五月まで一年半にわたって戊辰戦争が行われました。戊辰戦争とは、王政復古によって朝廷を担いで国家を作ろうとする新政府軍と、それに反抗する諸藩軍や旧幕府勢力からなる幕府軍の間の内戦です。

ところが戊辰戦争には曖昧なところがあって、そもそも新政府は、旧幕府討伐を主張する倒幕派と、幕府勢力に依存しながら政権を作ろうとする公儀政体派が拮抗していました。それが鳥羽・伏見の戦いで新政府軍が勝利すると、公儀政体派は急速に衰え、倒幕派の指導権が確立します。最後に箱館戦争で、榎本武揚たちの旧幕府海軍が五稜郭で屈服することで、幕藩体制は完全に瓦解しました。そして明治新政府がひとまず一枚岩にまとまるのです。

一枚岩になった新政府は中央集権国家の樹立を目指すようになります。重要なことは、近代日本の国家体制は明治に入って軍事が政治の前面に出る形で進むということです。幕末の開国派、攘夷派のいずれもが唱えた「富国強兵」を新政府は国家建設のスローガンとしていくわけですが、軍事が政治の前面に出て状況を動かしていくことになるのです。

「軍人勅諭」が説いたもの

明治十年の西南戦争や明治十年代の自由民権派による反政府闘争などを、新政府は軍事によって鎮圧していきます。まだ大日本帝国憲法が制定されていないうちに、軍事は独自に軍内法規を作り、組織原理を確立し、軍人精神を鼓吹し、そして「天皇の軍隊」であることを明言して国家的エリート機関としての存在を誇ることになります。政治よりも軍事が優先している国家を建設したという意味では、日本は現代に至るまで、多くのツケを残したと指摘できるでしょう。

明治十五年、これは大日本帝国憲法が制定される七年前ということになりますが、明治天皇が「陸海軍軍人に下し給へる勅諭」(いわゆる「軍人勅諭」)を陸軍卿、海軍卿に下賜します。これは、日本の軍隊が「天皇の軍隊」であることを規定し、軍人精神の基礎を説くものでした。

軍人勅諭を見ていくと、全文二六八六字によって構成されています。この文章をまとめたのは、山縣有朋に命じられた西周《にしあまね》や福地源一郎だったのではないかと言われていますが、いずれにしても日本語としての格調を尊ぶというのがその趣旨でもあるようです。導入部は以下のようになります。

「我国の軍隊は世世天皇の統率し給ふ所にそある　昔神武天皇躬《み》つから大伴物部の兵とも

を率ゐ中国のまつろはぬものともを討ち平け給ひ高御座に即かせられ天下しろしめし給ひしより二千五百有余年を経ぬ」

というように、日本の神話史観の骨格を説いています。そのうえで、日本の軍人、兵士には次の五点を強く要求するのです。

一、軍人は忠節を尽すを本分とすへし
一、軍人は礼儀を正しくすへし
一、軍人は武勇を尚ふへし
一、軍人は信義を重んすへし
一、軍人は質素を旨とすへし

この五点の徳目について具体的に説明を続けていきます。この中であえて重要と思われるのは、軍人の本分は「忠節を尽す」ことにあるとの項なのですが、そこには以下に引用する一節があります。

「(軍人は)世論に惑はす政治に拘らす　只々一途に己か本分の忠節を守り　義は山岳よりも重く死は鴻毛《こうもう》よりも軽しと覚悟せよ　其操を破りて不覚を取り汚名を受くるなかれ」

明治政府は内乱の危機を抱えていた

「軍人は政治に関わってはならない」というのは山縣の意向が強く反映しています。つまり不平士族の政府に対する反乱や、自由民権論者の言説と行動に惑わされてはいけないということです。もっと言えば、反政府運動が軍内に入ってくることを恐れた新政府が、天皇が下賜するという形で軍人勅諭を発して軍内をまとめようとしたのです。

「世論に惑はす政治に拘らす」という一節は、昭和に入って青年将校のクーデターが起こる時代には、逆に軍人は政治の側の世論など気にかける必要はないとの方向で理解されて物議を醸します。

新兵は必ず「軍人勅諭」を暗記するように命じられ、暗記できない兵士には制裁が待っていました。明治期の教育も充分に行き渡っていないときは、文字も充分に読めない兵士には口移しで教えたと言われているほどなのです。

軍人勅諭を読むとわかりますが、軍内では、日本社会の教育制度の成立以前にすでに、皇国史観そのものが浸透していたのです。このことは近代日本が軍事主体であるだけでなく、すでに軍事は神話と合体する精神基盤をも有していたということを意味しています。つまり、軍事先行の国家では、精神の軍事化も進んでいたと言っていいでしょう。

新政府が軍事に傾斜していったということは、明治政府は常に内乱の危機を抱えていたということです。それは、下級武士を中心にして起こった明治維新によって成った権力を維持するために、明治政府は常に軍事を前面に押し出したということでもありました。

王政復古によって天皇を政治の中心に据えるならば、天皇を警護する親衛隊である近衛兵を組織しなければいけなくなります。新政府は明治四年、薩摩藩、長州藩、土佐藩からの献兵約一万人によって、政府直属の軍隊である御親兵を創設しました。「廃藩置県」を断行できたのは、御親兵の軍事力が背景となっています。そして翌明治五年、西郷隆盛が中心となって御親兵は近衛兵に改称されます。

明治六年には徴兵令が制定され、鎮台兵が徴兵され全国六管区に配備されるようになると、近衛兵は鎮台兵を指導する役目も担うようになります。「天皇の軍隊」の中の軍隊という存在です。そして近衛兵の指導者が、天皇中心の軍事的な枠組みを決めていくことになっていくのです。近衛兵は、明治二十一年には近衛師団に改編されます。近衛師団には全国から優秀な兵士が集められ、その主任務は皇室を守護することでしたが、日清戦争では台湾に、日露戦争では満州に出征し、日本が帝国主義の方向へ進む歩みを中心で支える存在になるのです。

西郷隆盛と岩倉使節団の対立

軍事が政治の上にある明治初期の姿がはらんでいた問題が、昭和十年代になると社会の前面に表出してきます。軍人たちは政治が軍事に介入することを、天皇の統帥権の独立性を侵害するものだとして許さなくなるのです。軍令の側は、これを「統帥権干犯」という言葉で表現しました。私たちは軍が突出してくる歴史と構造を、よく知っておく必要があります。

さて、軍事を握っていた明治新政府は、戊辰戦争で自らに抗する会津藩や奥羽越列藩などを鎮圧していきました。その鎮圧の過程で新政府の軍事が整備されていくのです。そして明治十年の西南戦争は、征韓論で敗れて下野した西郷隆盛を、士族反乱のうねりが擁する形で挙兵に至るわけですが、この最大で最後の士族反乱を鎮圧することによって、明治政府の軍事が完全に統一体として形づくられるのです。

明治維新からの近代日本の歴史は、軍事主導国家としての歩みだったということは何度でも指摘しておかなければなりません。だから国家建設は、結局のところ、誰が軍を握るかという戦いになってきます。新政府は軍を掌握しているけれども、自由民権運動も、西郷隆盛の反乱も、軍をいかに握るかということを重要な課題として考えての反乱でした。しかし近代日本の軍は、本質的に天皇に忠誠を誓うのです。天皇に忠誠を誓うということは、とりもなおさず天皇を権力の中心に据える明治政府に忠誠を誓うということになってしまう。天皇と軍が密接に結びついたこういう構造が、明治期の国家の特徴だと言っていいと思います。

天皇の役割は、「政治」よりも「外交」に重点が置かれ、天皇は国家の非常時には常に軍服を着ていました。

明治初期の国家建設というヴィジョンに関わって重要なのは、明治四年の「岩倉使節団」です。特命全権大使の岩倉具視を中心にして、大久保利通、伊藤博文、木戸孝允ら一〇七人の明治政府の要人や留学生たちが、アメリカとヨーロッパを六百三十二日にわたって見学しました。目的は不平等条約の改正のための準備と、欧米の近代的政治制度を実地で具体的に研究することでした。

一方、留守の新政府を預かったのが西郷隆盛や板垣退助や大隈重信です。大久保は、留守政府の西郷たちに「新たな法改正や新政策はできるだけ行わないように」と言い置いて出発したのですが、西郷たちはそんなことにかまわずに、学制の公布や、徴兵令の制定や、地租改正など、次々と手を打っていきました。

そして明治六年、留守政府を仕切っていた西郷や板垣が朝鮮出兵を主張し、征韓論を唱える。これに反対したのが、欧米視察から急遽《きゅうきょ》帰国した岩倉具視や大久保利通だったのです。後ほど詳述しますが、これが近代日本の国家建設のヴィジョンをめぐる対立の、ひとつの焦点をなしていることは間違いなく、明治新政府内部の力関係、そして国家建設の方向性に影響を与えていきます。

岐路に立つ日本に与えられた「四つの国家像」

こういった明治初期の二十年の歴史を踏まえた上で、この時代に日本が目指しうる国家モデルを考えてみたいのです。それはいくつかあるのですが、ここではあえて四つの国家像を語っていきたいと思います。

一番目は「帝国主義国家」です。それは、イギリス、フランス、ベルギー、オランダ、ポルトガルなど西欧の先進帝国主義国家が二、三百年前から建設していた国の形です。私がここで言う帝国主義とは、レーニンが定義したような「独占資本主義、金融資本主義の最終段階としての」帝国主義ではなくて、イギリスの『大英百科事典』、あるいはフランスの『ラルース百科事典』などが説明している帝国主義です。

つまり、西欧の列強国は、弱小国を軍事力で制圧し、その国の富を収奪し、文化を抑圧し、そこに住んでいる人たちを自分たちの支配の枠組みに組み込んでいった。そういう拡張型の帝国主義国のことです。日本は西欧帝国主義の時代潮流の巨大な力にさらされたわけですから、日本自身もその道を歩むことは不可避であった面もあります。

明治政府が国家ヴィジョンの模索と不平等条約改正の準備のために欧米に派遣した「岩倉使節団」が、結局はプロシアのような国を作っていこうという考え方になっていったのは、帝国主義の方向は不可避だという時代認識からです。日本は現実に、この一番目の道を選びました。

二番目は「帝国主義的道義国家」です。「帝国主義」と「道義」が両立することなどあり得ないと思われるかも知れませんが、時代の制約の中でこの国家モデルも確かに存在したのです。以下に説明していきましょう。それはこういうことです。日本が帝国主義を選択せざるを得ないことは仕方がない。そうでなければ日本は列国の餌食になって植民地にされてしまう。しかし帝国主義国家であるといえども、西欧諸国はその枠組みの中ですでに国内に市民社会をつくりつつありました。「帝国主義的道義国家」とは、そのようなありかたを見習う立場とも言えます。

西欧諸国は、植民地の富を収奪することで自国の繁栄が成立したわけですが、その自国内で市民革命が起こり、中産階級が民主主義的な権利を行使する市民社会が形成されていきます。市民社会とは、今日の民主主義の前提となるような、ある意味で理念の社会ですから、本来であれば植民地支配という不公正とは手を切らなければならないはずです。しかしそこは暗黙裏に是認した上で西欧の市民社会は成り立ってきました。

帝国主義的な植民地支配のありようは、年月とともに変容していきます。たとえばイギリスはインドを植民地支配していましたが、インドの有為な人材をイギリスに連れて来るようになり、彼らをケンブリッジ大学やオックスフォード大学で学ばせる。そして彼らを再びインドに帰し、そうすると彼らはインドで官僚になる。あるいは政治家になる。しかしインド自体はイギリスの植民地ですから、その官僚たちはイギリスのために働くことになります。帝国主義的支配といっても、そういう巧妙な形になっていくのです。

西欧の植民地主義の狡猾さ

イギリス人に、インドに対する植民地支配について批判的なことを言うと、「我々はインドに文化を教え、先進的な知識を与えてきた。それのどこが悪いのか」と反論する人がいます。

またたとえば、インドネシアとオランダの関係も同じです。私がインドネシアを訪れたとき、たまたま日本とオランダのサッカーの試合があって、インドネシアの人たちが皆オランダを熱心に応援していました。私は現地の親しい人に、「あなたたちの国はオランダに三百年間植民地支配されたのに、皆がオランダを応援するんですね」と言ったら、「だって、オランダは悪いことばかりしたわけではないよ」と彼は答えました。つまり、帝国主義的支配が変容していくなかで、オランダはインドネシアに対して良いこともしてきたと言うのです。

十年ほど前、オランダと日本の通商四百年を記念して、アムステルダムと東京でシンポジウムがありました。私は東京の紀伊國屋ホールで行われたシンポジウムに出席したのですが、そこでオランダ人の学者が、太平洋戦争のときの日本のインドネシアへの軍事侵略を批判しました。そして、「日本は自国の帝国主義的な振る舞いについて教科書に書いていないじゃないか、こんな理不尽なことがあるか」と、その学者が言ったのです。

私はそれを聞いて、「では聞きますが、あなたの国はインドネシアに何百年も前に入っていって、あの地域に巨大なオランダ領インドネシアをつくり、現地の富を搾取し、インドネシア人を抑圧した。そのことを教科書に書いているのですか？」と尋ねたのです。彼は答えませんでした。あくまで「日本人はとんでもないことをやった」と言うばかりです。私がもう一度聞くと、彼は英語で、「そんなことを書くはずないだろう。それ以上に良いことをしたのだから」とつぶやきました。

これは西欧の植民地主義の狡猾さです。また、先進的な帝国主義国と、最後に帝国主義に向かった日本との関係性でもあります。植民地支配において最初の段階に行うことは、反抗する現地の民をとにかく武力で押さえつけることです。しかし西欧の帝国主義国はすでに、より柔軟で狡猾な支配の方法に変わっていました。太平洋戦争のときの日本の占領地行政は剝き出しの暴力を現地に対して行使する局面があったわけですから、恨まれて当然という面があるのです。

このように見てくると、西欧の植民地主義の狡猾さを強調する議論になってしまいますが、西欧帝国主義国家のなかで市民社会的なモラルを育て上げた国もあるのだから、私たちにはそれを目指すという進路もあり得たのです。一つの事例をもとに考えてみましょう。

日本が道義を示したマリア・ルス号事件

明治五年にマリア・ルス号事件というのが起こります。ペルー船籍のマリア・ルス号が清国人の奴隷を二三〇人ほど乗せて南米ペルーに向かっていました。台風がきて船は難破、横浜に避難します。苛酷な境遇に耐えかねたある奴隷が逃げ出して日本政府に窮状を訴えました。イギリス軍艦に救助を求めて、イギリス人公使が間に入ったという説もあるのですが、いずれにしてもこの問題が樹立されて数年の日本政府に伝わりました。

日本政府は何をしたか。外務卿の副島《そえじま》種臣が開かせた裁判は、清国人奴隷の解放を命じました。奴隷を解放しなければ、マリア・ルス号は横浜から出航させない、と。ところが、これに対してマリア・ルス号の船長のイギリス人弁護士フレデリック・ヴィクター・ディキンズが激昂します。「人身売買は海賊行為には当たらず合法ではないか。日本だってやっているではないか」と主張したのです。

すると、日本政府はこの発言を真剣に受けとめます。日本での人身売買は何かと考えてみると、それは、遊郭の女性を前借りのお金で縛っていることが人身売買だと気づくのです。そして明治五年に、遊郭の女性の借金はゼロにする、人身売買は認めないという芸娼妓解放令を出す。売春自体が禁じられたわけではないし、遊郭を去って私娼に転じる女性が生まれるなど、その解放令は充分に問題を解決したとは思えませんが、とにかく人道主義に基づいて、そういう法令を出すわけです。

当時は国際裁判所がまだなかったので、国同士の紛争を解決する際には、紛争当事国双方が了解した第三国で、国際仲裁裁判を開催しました。ペルーはイギリスが代理人となり、そのイギリスと日本はロシアのサンクトペテルブルクで国際社会に向けて議論をしました。日本側代表の全権公使は榎本武揚でした。

彼は賊軍出身で、戊辰戦争では「蝦夷共和国」の総裁となりますが、箱館戦争で降伏して入獄、黒田清隆や福沢諭吉の助命嘆願もあって、釈放後に明治政府に仕えた人物です。幕末には咸臨丸《かんりんまる》でオランダに向かい、留学して国際法を学んでいましたから、英語もオランダ語も流暢《りゅうちょう》で、国際仲裁裁判では弁舌を発揮しました。「日本は奴隷制を認めない。我々はそれを徹底的に批判する」と発言しました。それは世界に、とりわけアメリカの知識人に感動を与えたのです。

私が言う帝国主義的道義国家とは、一つにはこのような国を指します。列強に伍して否応なく帝国主義を目指しながらも、弱者の権利に敏感な感性を持ち、弱者が不当な抑圧にさらされることに反対する。そして、それを国際舞台で真っ当に主張できる国との理解になります。

征韓論に噴出する帝国的体質

さはさりながら、明治六年には征韓論が巻き起こります。明治新政府が朝鮮との外交文書に「皇」「勅」の字を用いた。天皇の文書ということですね。それを朝鮮側が受け取り拒否した。江戸幕府の時代の国書と違っているし、日本政府が仰々しく言うけれど、こちらには関係ない、と。そうすると日本側は、朝鮮は生意気だ、一発食らわしてやらなければいかんと考え出す。わかりやすく平易に言うと、これが征韓論です。留守政府の首脳であった西郷隆盛らもこの側に立ちます。

不平士族の怒りが溜まっていたから、その不満のエネルギーを朝鮮へ持っていって逸《そ》らそうとの思惑もあったでしょう。マリア・ルス号事件では世界に響くような公明正大な人権思想を謳いながら、一方で、平気で征韓論を唱え始める。板垣退助や後藤象二郎など、のちの自由民権運動のリーダーまでが、朝鮮が我々を侮辱するから悪いのだと言い出すのです。

あえて付け加えておきますが、日本は戦争をするときに、こういった乱暴な議論を用いることがあります。盧溝橋事件で中国との戦争に突き進んでいくとき、陸軍は「暴支膺懲《ぼうしようちょう》」というスローガンを立てました。「暴虐な支那を懲らしめよ」という意味です。そして日中戦争の泥沼に入り込み、太平洋戦争では「鬼畜米英」となるのです。

征韓論をめぐる論戦が激しいところに、岩倉使節団が欧米歴訪から帰国します。岩倉具視、木戸孝允、大久保利通などは、征韓論は時期尚早で認められないとして、国外に兵を送るのではなく、国内を治めないといけないという内治主義を採ります。かといって対外出兵の路線が閉じられたわけでもなく、翌明治七年には台湾出兵が行われ、さらに明治八年には朝鮮への軍艦派遣により江華島事件が起こっています。結局、日本は富国強兵、殖産興業というスローガンのもと、帝国主義国家への道を歩むことになるのです。

明治初期に、一方では奴隷制反対を国際舞台で堂々と語りかけ、しかし一方では征韓論のような乱暴な議論を口にする。この矛盾は日本の特質のようにも思えます。また、帝国主義的道義国家という言語矛盾のような進路が、あらかじめ挫折を前提としていたと言わざるを得ないのかも知れません。

しかし帝国主義的道義国家は、西欧帝国主義のなかの市民社会的モラルを目指すという方向とはまったく別の角度から、明治後期に探られることにもなるのです。明治四十四（一九一一）年、清国の君主制を倒した孫文の辛亥《しんがい》革命を支援した日本人がいました。孫文の思想に共鳴した宮崎滔天《とうてん》、山田良政、福岡のアジア主義団体の玄洋社を率いた頭山満《とうやまみつる》、内田良平などです。

辛亥革命は一九〇〇年に最初の決起があり、一九一一年に成功してアジアで最初の共和制国家である中華民国を樹立するまで、十回も蜂起しています。孫文は、百回でも二百回でも立ち上がればいい、一回成功すればいいのだから、という考え方でした。

この清朝帝政を許さないという孫文の革命運動に共鳴し、協力した日本人がいました。革命の過程で、中国で命を落とした日本人も何百人といます。日本側の資料では三〇〇人、中国側の資料では百何人となっています。百何人であれ、中国の辛亥革命に日本人の志士たちが命を賭して参加したという事実は変わりません。これこそ帝国主義的な道義国家、あえて別の言葉で言えば、アジア主義的道義国家の理念が現実化したものだと思えるのです。

大正・昭和期のアジア主義者・大川周明の思想と実践、さらに、評価は難しくなりますが、「世界最終戦争」を唱えた軍人・石原莞爾《かんじ》による東亜連盟の構想などにも、先行するこれらのアジア主義的道義国家の理念が流れ込んでいると言えるでしょう。

日本は帝国主義的な道義国家をつくり得る可能性があったけれども、それは歴史の表舞台に一時的に顕在化しても永続化せず、その後の昭和史の地下水脈へと流れていったということになります。

「自由民権国家」の道をなぜ選ばなかったのか

三番目は「自由民権国家」です。板垣退助、後藤象二郎、植木枝盛《えもり》、中江兆民……そういう自由民権運動を担った人たちの主張に基づいた民権国家です。これは中江兆民が『民約訳解』という書名で日本に紹介した、フランスのジャン＝ジャック・ルソーの『社会契約論』を一つの教本とする国家観とも言えます。兆民は『社会契約論』について、「人心決断ノ自由ヨリ見ヲ起シテ、以テ民主政治ノ最モ理ニ合スルコトヲ主張」するものだと言っています（『革命前法朗西《フランス》二世紀事』）。つまり自由民権国家は、個人の自由と民主主義の有機的なつながりに裏打ちされた、高度な国家ヴィジョンなのです。

同時に、この兆民の思想は意外とも思える潮流を含む三人の重要人物につながっていくのです。

一人はさきほど述べたアジア主義団体・玄洋社の頭山満です。兆民は自由民権の運動家だった時代の頭山に大阪の集会で出会い、晩年まで友誼を結んでいました。これは兆民と頭山が人間的に気が合ったということもあったでしょうけれど、二人はともに朝鮮の独立運動家である金玉均を匿《かくま》うことにも関わっており、兆民は頭山のアジア主義的道義国家を目指す精神を認めているところがあったと思われます。このことは、自由民権国家とアジア主義的道義国家に重なり合う部分があったことを示しています。

二人目は幸徳秋水です。幸徳は兆民の門下生で、秋水という名前も兆民から授かったものでした。自由民権国家には、後の社会主義国家、さらには無政府主義に至る過激な系譜も含まれていました。

三人目は西園寺《さいおんじ》公望《きんもち》です。当時、フランスの民権論を日本に広めていく中心にいたのは、兆民ともう一人、西園寺なのです。公家・徳大寺公純《きんいと》の次男であり、旧華族のトップランクの天皇側近と言っていいでしょう。西園寺は明治三年から明治十三年までフランスに留学しています。一八七一（明治四）年には労働者による世界最初の自治政府であるパリ・コミューンを目撃しています。西園寺はパリ・コミューンには否定的でしたが、同時期にフランスに渡ってきていた兆民と知り合い、兆民もまたフランスのこの動乱を見ていました。

西園寺はフランスの思想と現実を身に染みこませて帰国し、明治十四年には自らが社長、兆民が主筆という体制で『東洋自由新聞』を創刊しています。『東洋自由新聞』はフランスの急進的な自由主義を説いたのですが、これに対して怒った明治天皇は西園寺に社長を辞任するようにという「内勅」を出します。そのため西園寺は社長からも、民権思想の潮流からも身を引くことになるのです。

ところが昭和天皇は晩年の記者会見で「西園寺は死ぬまでフランス語の本を読んでいて、私はあの真摯な姿が印象に残っています」と発言しています。フランス流の自由民権思想は、西園寺のなかではずっと継続していたのでしょう。

もし、兆民と西園寺が主導する形で自由民権運動が発展していったとしたら、この潮流は独自の国家ヴィジョンを現実のものとしていたかもしれません。天皇は元首ではなく現在のように国家の象徴という形として位置づけられ、大日本帝国とは違う国家が形成されたのではないでしょうか。

明治政府は、自由民権運動が高揚する政治的な激動を、きわめて危険視していました。既述のように、軍人の間に動揺が広がらないように、精神的支柱を確立する目的で、明治十五年に軍人勅諭を発するのです。政府の危機意識が顕《あら》わになるほど、自由民権運動の広がりは全国化していったということです。

では、自由民権運動はどうして衰退していったのでしょうか。それは、運動の激化と広がりを懸念した伊藤博文や山縣有朋たちが、運動のリーダーを取り込もうとして、自由党総理の板垣と後藤に洋行を勧めたことが大きいと思います。「海外を見てきたほうがいい。フランスを見もせずに、フランス流の自由主義を説くのでは空論じゃないか」というわけです。

板垣はお金にきれいな人でしたが、明治十五年、この誘いに乗って政府からのお金でヨーロッパを見に行く。これに異を唱えた馬場辰猪《たつい》や田口卯吉は自由党を脱党しています。帰国後、板垣は日本の政治制度を肯定するようになり、その後、伊藤博文内閣には内務大臣として入閣します。

板垣の変節に怒った自由民権運動の活動家たちは、加波山事件、秩父事件、名古屋事件（明治十七年）、大阪事件（明治十八年）などの「激化事件」と呼ばれる暴動を起こすのです。これは、自由民権運動の底辺に、相当数の豪農、地主、商人、貧農が各地にいたということでもありました。しかし最終的には政府の懐柔策と弾圧によって、自由民権運動は急速に後退していきました。しかし自由民権国家のヴィジョンは、今日の民主主義をも照らす様々な可能性を含んで伝わっているのです。

アメリカ型国家を断念した岩倉使節団

四番目の国家類型は「連邦制国家」です。一八六一年にアメリカで南北戦争が始まります。奴隷制存続を主張する南軍と奴隷制を認めない北軍。そこに貿易問題や領土問題も関わって、五年にわたる南北戦争が続きました。これは十九世紀最大の悲劇と言われるほど残酷な戦争でした。新しい兵器が使われ、六〇万人以上が戦死しました。南北戦争によってアメリカは、カリフォルニア王国やスペインやイギリスの支配地域など、すべてを軍事的に制圧して、アメリカという連邦制国家を作ります。

それが一八六五年ですから、アメリカは五年かけて新生国家を作り上げたことになります。それははからずも、日本の明治維新と時期を同じくしていました。明治初期の指導者たちには、アメリカという国を参考にして国家建設をしていこうとの意識が強くあったのです。明治政府が鎖国を解いて新しい時代へと踏み出したとき、アメリカはまだ、西欧列強のように植民地主義の国家ではありませんでした。西欧の帝国主義国家から脱出してアメリカという国家を作った人たちの先端的エネルギーに対して、日本の国づくりを目指す指導者たちが強い関心を持ったということだと思います。

明治四年に岩倉使節団が欧米に向かい、まずアメリカに行って国家建設を学ぼうとするわけですが、そこで彼らが行き当たったのが、日本と比べて国の広さの極端な隔たりであり、民族の多様性であり、考え方の違いでした。アメリカは新生国家と言ってもまったくゼロから出発しているわけではなく、西欧ですでに教育を受けたり、西欧的な知識を持っていたりする人々が何かの理由でアメリカへ渡ってきて、彼らがワシントンの政治を動かしている。

岩倉使節団はそれを見て、我々の国はこういうレベルにはないと理解するのです。理想としてはアメリカのような国家を思い描くけれども、実際のシステムとしては明治国家の建設にそのまま移植することはできないと判断します。

明治五年に学制が定められてから寺子屋が小学校になります。全国的に子どもたちは教育を受ける義務が生じるのですが、明治政府の要人たちはアメリカに深いシンパシーを持っていましたから、当時の教科書にはリンカーンやワシントンが頻出し、アメリカという国がいかに素晴らしいかということが書かれています。いずれにしても明治初期には、連邦制をどう移入するかという課題が真剣に議論されたのだと思います。

徳川幕府が大政奉還をし、明治政府が樹立される。二六一あった藩は、明治四年の廃藩置県によって、まず三府三〇二県となり、同年末までに三府七二県になるのですが、そうではなくて有力藩三〇くらいをもって地方の自治政権を認める。徴兵とか教育とか税金とか、国が関与する領域は法的な枠組みを決めておいて、あとは地方自治に委ねる。そういったアメリカ的な連邦制国家を建設する可能性はあったと思います。しかし現実には、連邦制国家によって権力が分散することを恐れた山縣有朋たちが、強力な中央集権国家をつくり上げていくのです。

これは私の考えになりますが、連邦制国家の構想は日本において完全に潰《つい》えたわけではなくて、現在の政治の中にも地下水脈として流れていると思います。それが様々な形で顕在化したのが、道州制の問題や大阪都構想なのではないでしょうか。地方自治、地域サービス、都市論などに関わって、連邦制国家というヴィジョンはいまだ今日的課題を含んでいるように思えます。

「排外主義の地下水脈」を危険視した司馬遼太郎

明治初期の国家建設モデルを私は四つ挙げましたが、もっと様々な国づくりの方法があったのは確かでしょう。民俗学者の宮本常一や柳田國男の著作を読むと、江戸時代からの共同体は土着の政治システムや倫理観を持っていたということがわかります。それらを活かしながら、外交は外に開かれているけれど、内政は共同体のルールや倫理で作っていくという国家建設もあり得ただろうと思います。

あえて付け加えておきますが、日本は江戸時代の二百六十年、国家としてただの一度も海外の国家と戦争をしていません。大きな内乱もありませんでした。戦争をしないということは、江戸時代の武士は失業者みたいな存在ということになります。その武士はどういう方向へ向かったのでしょうか。彼らは、武芸によって自己の研鑽、練磨をして高度な人間性を獲得することを尊ぶようになるのです。

これが武士の理想的な生き方や倫理となり、武士道という形で共有されるようになります。これは、武芸という本来、人を殺《あや》める手段が、人格陶冶《とうや》の方法に変わっていったということになります。

この価値観は、軍事を抑制する日本独自の精神性になり得たはずです。しかし、明治以降の国家建設において、暴力を志向しない武士道というものが振り返られることはありませんでした。明治の国づくりが、富国強兵を目指す帝国主義国家の方向を選んだとき、国民は教育、軍事、生活のあらゆる領域で、帝国主義的な価値を体現する人間としてつくり直されていきました。武士道的な非暴力の人間錬磨の道は、明治時代には伝わらなかったのです。これはむしろ、太平洋戦争後の戦後民主主義の中で、戦争をしない自衛隊像のなかに図らずも実現していったと言えるかも知れません。

明治の日本がつくり上げた「帝国主義的人間」は、また帝国主義的国家は、昭和の歴史の中で崩壊にまで至ります。昭和という時代は、明治期に早急に帝国主義的国家が作られたことの結末として、国家壊滅という無残な光景を現出するのです。それが日本近代史の中のひとつの重大な問題です。

あるいは国家像について、別の面から語ることもできるでしょう。明治初期、目指しうる国家ヴィジョンの中から日本は帝国主義国家を選んだけれども、重要なことは、それとは別の、頭山満や大川周明のアジア主義的な動き、中江兆民的な自由民権運動、幸徳秋水のような社会主義……そういった少数派であっても一定の影響力を持った様々な潮流が、帝国主義国家の形成史のなかに地下水脈として流れているということです。それは太平洋戦争の後の戦後民主主義に至るまで様々な形で反映していると思います。

地下に流れている水脈は、まがまがしい形で噴出することもあります。司馬遼太郎さんからの直話ですが、「結局、日本というのは攘夷の思想を未分化、未消化のまま残してきたのだ。地下水脈にはずっと攘夷の思想が眠っている」と言っていたことを思い出します。地下に流れ続けていた攘夷の思想が、いつもどこかに噴出口を求めている。これは恐ろしい話です。

その噴出口が、昭和史において皇国史観と合体し、日中戦争では「暴支膺懲」というスローガンとなって現れる。太平洋戦争では「鬼畜米英」となって現れる、というわけです。司馬さんは、排外主義的な地下水脈が途絶えないから、あんな戦争をやったのだろうと言っていました。重要な問題提起です。この見方には、たしかに深く考えるべき一理があると思います。

明治政府に与えられた「四つの国家モデル」の選択肢。そのなかで、最終的に選ばれなかった「国家像」にも想像力を働かせ、軍事国家として戦争の道を突き進むことになった日本にも別の道があり得たのだということを考えることが、歴史の大局観にさらなる深みを与えるのです。

第四章　戦前の日本はなぜ「軍事学」を軽視したのか

——天皇と軍事権力

日本独自の立憲君主制

結果的に帝国主義的国家という国家モデルを選んでその道を歩んだ日本は、明治二十七年から明治二十八年にかけて、初めて対外戦争を経験します。日清戦争です。そして明治三十七年から明治三十八年にかけて、日露戦争を行います。

歴史の表向きの部分を年表化するとき、当時の日本の基本的な形態は帝国主義的国家そのものです。しかし、帝国主義的道義国家、自由民権国家、連邦制国家……様々な国家ヴィジョンとそれを担った人物たちが、帝国主義的国家の地下水脈には眠っているのです。あるいは、押し込められていたり、自らが起《た》つときをうかがって待機していたりするのです。そういった人脈が正史の中に存在感をもって顔を出すことがあります。

たとえば自由党を率いて全国で自由民権運動を展開した板垣退助は、明治二十二年に同志である後藤象二郎が黒田清隆内閣に入閣すると、愛国公党を結成し、その後、立憲自由党を組織して、明治二十八年、日清戦争の渦中には伊藤博文と連携するようになります。そして、翌明治二十九年には伊藤内閣の内務大臣となるのです。

この段階に至ると、板垣は自由民権運動の指導者ではなく、完全に明治政府の要人になっています。これは自由民権運動が帝国主義的国家に組み込まれていった流れを象徴しているとも言えるでしょう。

さて、明治二十二年に大日本帝国憲法が発布されます。これはプロシアの立憲君主制を模した憲法ですが、伊藤博文、井上毅《こわし》、金子堅太郎らが起草しています。そして大日本帝国憲法発布から二ヵ月ほど後、伊藤博文の著という形で『帝国憲法皇室典範義解《ぎげ》』という憲法と皇室典範の解説書が出されています。この解説書で憲法を逐条的に説明していくなかに、西欧の政治思想とどう向き合い、それをどう吸収したかという問題意識が如実に見て取れます。

大日本帝国憲法は第一条で天皇主権を定め、また統帥大権、非常大権など広範な天皇大権を規定しています。日本を、天皇を「神聖不可侵」と神格化した天皇主権国家とするということを憲法の柱にしているのですが、西欧の政治システムである立憲君主制を日本に移入する際に、政体はそれに倣いつつも、国体は変更しないという独特の立場を示しています。

軍事権力に都合のいい天皇像

また、天皇に権威と権力を持たせるけれども、しかし天皇は直接に権力そのものを振るうわけではないとされ、臣下の者にその権力を付与して、臣下の者が権力を振るうシステムになっています。このことに関わる大日本帝国憲法第五十五条「国務各大臣は天皇を輔《ほ》弼《ひつ》し其の責に任ず（国務の各大臣は天皇を輔弼し、その責任を負う）」について、伊藤は『帝国憲法皇室典範義解』で、次のように解説しています。

第一に大臣は、その固有の職務である輔弼の責に任ず。そして君主の代わりの責に任ずるのではない。第二に大臣は、君主に対して直接に責任を負い、また人民に対して間接に責任を負うものである。

これはつまり、権力の行使は天皇の名において行われるが、その際、国務大臣は天皇を輔弼（助言）するので、権力行使について天皇には責任がなく、国務大臣が責任を負うということを意味しています。しかしこの関係はその後の日本近代史の中で、ことに戦争の時代には転倒していきます。つまり、輔弼者である政治、軍事の指導者は、天皇を極端なまでに神格化することで、自らが遂行する戦争を正当化し、責任を回避しようとするのです。現実に政治や軍事を進めた政治権力、軍事権力は、自らに都合のいい、こうあってほしい天皇像を天皇自身に対して要求し、またそのあらまほしき天皇像を天皇自身に被せるのです。しかしそれはあくまでもイメージであって、生身の天皇自身は別の存在です。明治、大正、昭和の三代にわたる天皇について見ていきましょう。

まず、明治天皇と睦仁《むつひと》天皇についてです。明治天皇という元号が被せられた天皇イメージと、生身の個人としての睦仁天皇の性格や考え方との間には大きな落差がありました。確かに明治天皇は日本を短期間に一等国に持っていったと評され、それゆえに「大帝」とも語られてきました。崩御した時には、日本のメディアだけでなく、イギリスなどのメディアもその存在を「名君主」と讃えました。

しかし睦仁天皇は、少年期から青年期、そして壮年期へと、言動が変化していることが知られています。少年期には怒りの感情などをよく表していたというのですが、次第に慎重で、寡黙な性格が見て取れるようになったというのです。これは、天皇の性格はどういう形が望ましいのか、自身で学んでいったということのように思われます。つまり周囲が求める天皇像に、自らを合わせていったと言うことができるでしょう。

「これは朕の戦争ではない」

明治天皇は、日露戦争の頃から言葉をほとんど発しなくなります。親しい伊藤博文などとは立ち入った話をしましたが、大概のことを態度で示すようになるのです。上奏のときなども、一言も話さない。ほとんど黙って聞いていて、時にじろっと睨む。目で物を言うというくらいに極端な態度です。明治天皇はそういう表現力で、君主としての立場を貫いたということになるでしょう。

明治天皇は、帝国主義的国家を目指した日本を指揮指導した天皇であり、大帝にふさわしい果断さで、臣下の者を自在に使いこなすというイメージで見られてきましたが、評伝、伝記、資料を読み込んでいくと、実際の睦仁天皇はまったく別人格です。

極めて慎重な性格だし、大言壮語をしない。何よりも日清、日露戦争に際しては当初は賛成していません。反対しているのです。日清戦争時には、「これは朕の戦争ではない」と言い、日露戦争時には開戦を告げられると涙を流したと言われています。これは、戦争はしたくないという思いの表れです。この乖離《かいり》を検証することで、天皇にはどのような役割が与えられたのか、より正確にわかるのです。

明治天皇が涙を流したのは、対外戦争とは天皇という制度にとっての危機であることを自覚しているからです。戦争に負ければ天皇制が崩壊する。民が安らぎをもって過ごせることが天皇の願いなのに、戦争に勝ったとしても負けたとしても、民が多く死ぬ。このことに対する天皇の内在的な不安と不満があります。それは戦争に対して遠い距離にいる考え方です。

大正天皇はどうだったか。やはり、元号が被せられた存在と、実際の嘉仁《よしひと》天皇との間には、開きがありました。大正時代に望まれた天皇像は、軍事的な一等国を持続する形の天皇であり、軍事主導体制に日本の伝統のイメージを重ねるような天皇ということだったと思います。しかし生身の嘉仁天皇は違います。戦争が嫌いで、感情豊かで、漢詩に文学的才能を開花させました。大正天皇は人間的には、「武の人ではなく、徹底した文の天皇」というべきタイプでした。結局その役割を正確につかむことができないままに大正十年に療養生活に入り、摂政を置くことになりました。

昭和天皇もまたとかく「軍事」とつながった形で語られますが、裕仁《ひろひと》天皇はそのようなイメージとは、必ずしも一体ではありません。むしろその個人的性格を見ていけば、「非軍事」を希求しているのに、そのような時代ではなかったという不運が感じられるのです。

特攻作戦に、「しかしよくやった」

昭和天皇が戦争に対して忌避の念を持っていたということは、平和主義者だったということとは異なります。どの天皇もそうですが、根本の目的は皇統を守ることです。その手段は、祈ること、伝統芸術を守ることでした。昭和十年代に、その手段の一つとして、軍部が戦争を持ち込んだのです。そして天皇に、「戦争をしないと、この国は潰れますよ」と脅かしました。天皇はそれを渋々と受け入れました。こういう構造を私は「不運」だと言ったのです。

　昭和天皇は、明治天皇、大正天皇とは異なり、近代日本でただ一人、体系的に帝王学を学びました。明治天皇と大正天皇には体系的な帝王学が与えられていません。明治天皇と大正天皇の帝王学はいわば現場主義でした。侍従や側近、臣下の者が、「こういうふうに振る舞うといいです」と助言するわけです。

　一方、昭和天皇は、明治天皇の意思もあって、大正三年から大正十年まで、それは昭和天皇の十三歳から二十歳までに当たりますが、その間みっちりと、東宮御学問所で、近代日本の天皇はいかにあるべきかを秩序立って学んだのです。八人の同級生が選ばれ、彼らと一緒に学びました。帝王学という学問があるのではなく、天皇であるとはどういうことかをめぐって、国史、皇室史、博物学、倫理、そういう様々な学問を勉強し、それを総体として帝王学を修めたと言います。それによって昭和天皇は、自らが求められる役割は軍事主導体制の姿を正確に把握することだということを身につけていきました。いわば人工的に天皇像がつくられ、そこで学んだことをそのまま実践することが天皇の役割だったということになったと言っていいでしょう。

　しかし帝王学にはいくつかの矛盾がありました。たとえば帝王学は、天皇に政治的には日本の主権者としての役割を与えています。他方、軍事的には最高命令者である大元帥としての役割を与えていました。昭和天皇の言葉は、よく分析すると、この二つの立場を使い分けたうえで発せられることがあるのです。これを見抜くかどうかは、昭和史解明の重要な鍵になると言ってもいいでしょう。

たとえば昭和十九年十月二十五日、最初の特攻作戦が行われます。特別攻撃隊、人間が武器になってアメリカの艦船にぶつかっていきました。その報告を受けたとき、昭和天皇は立ち上がって敬礼するのです。そして何と言ったか。まず初めに「そのようにまでせねばならなかったか」と言ったのです。これは日本の主権者としての言葉です。そうまでして、国民をまるで兵器のように使うのか、という嘆きです。ところがその後で、「しかしよくやった」と言うのです。戦況が良くない状況で、ここまで言わなければならないということです。これは、大元帥、軍事の責任者としての言葉です。昭和天皇の言葉は、そういう二重性を含んでいるので、精緻に分析すべきだと思います。

昭和天皇の涙の意味

昭和天皇は終戦後も帝王学に従って振る舞おうとします。しかし同時に、昭和天皇は戦後民主主義の中で自立するために、戦後は人間天皇の道を晩年まで模索しつづけました。八十七年の生涯において、どれほど人間的な煩悶《はんもん》を続けてきたか、そのことを考えるともう一つ別な見方ができます。

昭和天皇は人生の道筋において、次第に帝王学から離れていったと言えると思うのです。昭和六十三年、病気で手術を受けた翌年に、昭和最後の天皇誕生日の記者会見がありました。

「第二次世界大戦について、改めてお考えをお聞かせください」という記者の質問に対して、しばらく目をつぶって黙っていました。そして、「何と言っても、大戦のことが一番いやな思い出であります」と答えました。メディアは報じませんでしたが、涙をこぼしていました。共同通信の写真を見ると、一筋の涙が頬に落ちていて、それがライトで光っている。

帝王学によれば、どんな戦争が行われても、そこに天皇の名前が冠されるけれども、それは公人としての天皇という立場が使われただけであって、天皇個人の人間性や性格とは関係がないということになります。天皇はそう教えられてきました。だから戦争で何万人死のうが、無謀な作戦が悲惨な結果をもたらそうが、それは天皇という国家機関のために行われたのであって、天皇個人はその責任を感じなくていいのだというのが帝王学の立場です。

しかし、昭和天皇が最晩年の記者会見で涙を流したということは、帝王学から一歩一歩身を引いていった、その最後の姿だということがわかります。これは、明治以降の帝国主義的国家の形成史とその崩壊の中で、天皇と軍事権力を考えるときの重要な視点となるのです。

天皇を神権化することで、国民の命を戦争に捧げると軍事指導者は言いました。しかし、それが破綻したのがこの涙だったのです。

こうした歴史を踏まえたうえで平成の天皇を見ると、周りから与えられた天皇像ではなく、独自の天皇像を確立するためにどれほど多くの苦労があったか、容易に想像がつくのです。それゆえ丁寧にその像を確認しなければならないと思います。平成の天皇には天皇像と生身の天皇の乖離がありません。これも大切な視点です。

戦争は君主制の最大の敵

平成の天皇は、常に昭和の戦争とその犠牲者を思い、平和の意義を語り、慰霊と追悼の旅を繰り返してきました。そしてそれはそのまま、生身の明仁天皇の思索と行動でもあるのです。平成の天皇と明仁天皇は一体であると言っていいと思います。ここが平成の天皇の新しいところです。明治天皇、大正天皇、昭和天皇は天皇像との乖離を抱えていましたが、平成の天皇はそれを統合し、自ら新たな天皇像を確立して国民に示したと言っていいでしょう。

これまで「天皇論」は何かとタブー視されていましたが、いま私たちは自由に議論することができます。これは、明治以降の日本近代史を見る視点がもう一歩、前に進んだということです。天皇を、時代の中に生きる一人の人間として見て、日本社会の中の天皇という立場を理解して、そして改めて近代史を捉え直していくことができます。

私たちは日本近現代史を考えるときに、戦争と天皇の関係について考えなくてはいけないと思います。これまでは天皇を論じることにためらいがあったけれども、これからはその必要がないのです。これだけ天皇について議論が開かれたのは、平成の天皇が自らそういう場をつくっていったことが大きいと私は思っています。

あえて付け加えておくと、二十世紀に入る頃に西欧の国で君主制でなかったのはフランスとスイスだけでした。他の国々はすべて君主制でした。しかし第一次世界大戦によって君主制はまたたく間に次々と崩壊していく。つまり戦争は君主制にとって最大の敵なのです。そのことを昭和天皇はよく知っていました。

二十世紀に入って君主制が解体していくことや、ロシア革命によって皇帝一家が処刑された悲惨な例への恐怖感、それと天皇制に内在する「民を犠牲にしてはならない」という考え方が、昭和天皇の中で重層化していたのではないでしょうか。近代の天皇制には非軍事的な本質があるということを私たちは知っておく必要があると思います。

それを改めて国民に示したのが平成の天皇です。平成の天皇は、戦争を積極的に避けるという立場を明らかにして、平和に貢献してきました。平成の天皇は、明治天皇と昭和天皇が軍事に巻き込まれた歴史を深く理解していると思いますし、大日本帝国の君主としての威厳と自覚から遠く離れ、戦争に対して消極的であり続けた大正天皇にはシンパシーを持っていると言われていました。その理由もよく分かるのです。

軍事に対する明確な条文がなかった大日本帝国憲法

いずれにしても、天皇と対外戦争というテーマは、明治二十二年に一つの起点を持つと言うことができます。繰り返すことになりますが、大日本帝国憲法には、以下の二つの大きな特徴がありました。

(一)日本を天皇主権国家であると規定し、天皇は不可侵の存在であると言っていること。

(二)天皇は政治的な枠組みを決める規範であるが、その規範以前に既に軍事ができ上がっていたこと。

明治初期から、軍事権力は独自の軍内法規を持っていました。明治十五年に軍人勅諭ができて、軍隊の性格や精神的支柱などが定められたということは前章で述べた通りです。大日本帝国憲法に決定的に欠けていたのは、軍事に対する明確な条文です。第十一条と第十二条にあるのですが極めて曖昧で、その問題が昭和に入ると噴き出てきます。大日本帝国憲法は、先行する軍事の法体系や組織原理に何らの掣肘《せいちゅう》も加えないままに公布されたのです。

明治二十三年、貴族院と衆議院からなる帝国議会が開設されます。帝国議会は、天皇主権下で、天皇を協賛する立法機関との位置づけではありましたが、ここに日本の議会制度が始まります。

山縣有朋は第一回帝国議会で首相として最初の施政方針演説を行うのですが、冒頭の発言は以下のような内容でした。

諸君我が天皇陛下は至仁なる聖慮に依りまして、曩《さ》きに千歳不磨の大典を立てさせられ、茲《ここ》に諸君と相会するを得たるは、誠に国家の為慶賀に堪へざる次第で御座ります、又本官の幸栄とするところで御座ります。

これはつまり、帝国議会は天皇大権の制約の下にあり、自分たちは臣民であり、天皇の意に背いてはならないとのことを強調したことになります。そして山縣は、この施政方針演説で、日本が帝国主義的国家を本格的に志向するうえでの起点となる、次のような主張を行うのです。

国家独立自営の道に二途あり、第一に主権線を守護すること、第二には利益線を保護することである、其の主権線とは国の疆域を謂《い》ひ、利益線とは其の主権線の安危に、密着の関係ある区域を申したのである、凡《およ》国として主権線、及利益線を保たぬ国は御座りませぬ、方今列国の間に介立して一国の独立を維持するには、独《ひと》り主権線を守禦するのみにては、決して十分とは申されませぬ、必ず亦利益線を保護致さなくてはならぬことゝ存じます。

国家が独立するためには二つの道があり、それは国家の主権を画定する国境である「主権線」を守ることと、主権と密接に関わる「利益線」を守ることだと言っています。ここで山縣が言う利益線というのは、具体的には朝鮮のことにほかなりません。朝鮮を我々の傘下におさめないと、日本の主権線は守れないとの主張になるわけです。これは帝国主義的、植民地主義的な態度であると言わざるを得ません。

防衛的な軍事から攻勢的な軍事への変質

明治時代の軍事指導者たちの考え方の変遷を見ると、一つの重要な転換点があります。それは山縣の表現を借りるなら、日本の「主権線」をどこで引くかということをめぐってなされたと言うことができます。明治六年から明治十年あたりまでは、明治新政府は、日本の軍事は「海主陸従」であるという方針を立てます。日本は海洋国家なので、海軍を充実させて諸外国からの侵略に備えるという国防方針でした。ところがこれが、明治十年の西南戦争で一新されるのです。「陸主海従」になるのです。

なぜでしょうか。一つは西南戦争で、海軍の担い手であった薩摩閥の力が弱まったことがあります。また、官僚組織内部では圧倒的に陸軍の側の勢力が強かったので、「海軍が主だなんて認められない。やはり陸軍が中心でなければ」との方向に傾いていったということもあります。そして、国内の反乱に対して身構えるため、あるいは外国勢力が上陸してきたときの戦いに備えて、陸主海従で行くのだという戦略が基本方針となっていったのです。別の言い方をするならば、西南戦争という内乱を通じて、日本の軍事は専守防衛の形から、地上戦主体の軍隊へと変わっていきました。

そして明治二十二年頃になると、軍部では、防衛的な軍事から、攻勢的な軍事へと意識が変わります。朝鮮やロシアの極東を日本が軍事的に支配しないと国防維持ができない、そして太平洋は海軍が守るという基本戦略を軍人たちが考えるようになるのです。防衛線をどこに引くかということを内々に議論していくうちに、それが日清戦争の内因の一つにもなっていきます。

日清戦争は、朝鮮の支配権をめぐる日本と清国の間の戦争と言えるのですが、当時、朝鮮の李王朝もかなり腐敗混乱していて、王朝の中にロシアからの勢力、清からの勢力、日本からの勢力、それに独立派と入り組んで存在していたのです。そういう状況下で、朝鮮を我々の傘下に収めないと防衛線が確立しないという意識が軍人たちには強くありました。

山縣も先述のように、第一回帝国議会で、「主権線」と「利益線」という言葉を使って同じ認識を示したわけですが、しかし、山縣は実際には清国と戦争をすることに踏み出そうとはしませんでした。山縣は、朝鮮の中立を実現するために、清国とともに朝鮮の内政改革を行おうとの立場でした。これは、戦争を行うに足る武力、軍事力、軍事学、政略、そして何より自信という面で、総合的な国力に疑問を持っていたと言うこともできます。

日清戦争を現実に指導したのは、山縣や伊藤博文といった幕末明治維新の中心にいて新政府を起こした者たちではなく、次世代の軍人、官僚でした。たとえば清国に赴任して臨時代理公使を務めていた外交官の小村寿太郎とか、陸軍参謀本部次長の川上操六とか、陸軍次官の桂太郎などです。幕末維新のときには少年だった者たちが成育し、明治二十年代には官僚、軍人になり、指導部を構成します。彼らが日清戦争を計画するのです。明治天皇、伊藤、山縣は開戦に怯《ひる》むのですが、彼らはそれを抑えながら日清戦争に向かっていきます。

明治初期の日本の、重要な国是を二つ挙げることができます。

（一）国家財政が自立できていないので、早急に産業立国を目指す。
（二）不平等条約の改正に取り組んで、軍事を優先的に膨張させる。

日本はこの二つによって、国際社会で生きていく方向を選択せざるを得ない面がありました。しかし、それはとりもなおさず帝国主義的国家への歩みでした。軍事化と産業化が日本の利益ということで合致する道を選んだとき、軍事の主導者たちが明治国家の前面に出てきたのです。

日清戦争に従軍した数学者の体験

日清戦争のときの各国の国力を見てみましょう。朝鮮は脆弱な国家で、前述のように清国を宗主国とし、さらにロシアや日本の勢力が内部に錯綜していました。しかし清国の帝政は支配力を弱めていました。孫文の辛亥革命が一九一一（明治四十四）年から起こる、その前段階ということになります。そういう情勢下で、清朝帝政と、日本の次世代指導者が衝突したのが日清戦争と言えると思います。

日清戦争を周到に画策した日本は、戦争に入っていく準備として、明治二十二年に徴兵令の全面改正を行っています。明治六年に公布されて以来、徴兵令は何度か改正されていますが、初期に存在していた免役条項が次第に制限されていくのです。当初は、官吏、官立学校の生徒、長男、障害を持つ代人料納入者、北海道ないし沖縄に本籍がある者などは徴兵令の対象外とされていました。そのために本籍を北海道や沖縄に移す者もいました。さらに次男や三男が養子に入って長男になって兵役を免除されるというケースもありました。それが明治二十二年の全面改正では、そういった免役条項をほとんど廃して、国民皆兵の原則を名実ともに確立します。

実は私は、日清戦争の現実の姿を戦争体験者から聞くという機会を得ています。昭和五十年前後の話になりますが、三重県の伊勢に百二歳の老人がいました。その老人は日清戦争と日露戦争に従軍していました。私は戦争体験を取材しようとしたわけではなく、数学をテーマにしたノンフィクションを書きたいと思っていました。その老人は、難解であることで知られる数学の定理である「フェルマーの最終定理」に挑んだ人物でもあったのです。

たまたま大阪に出張していた私は、新聞でそのことを知り、東京に戻る予定を変更してすぐに老人のもとを訪れ、「あなたのことを取材させてほしい」と申し出たら、応じてくれました。何度か通って取材を重ね、『ある数学狂の一世紀――まぼろしの定理に憑かれた男』という一冊にまとめたのですが、取材の過程で老人の従軍体験を知ることになりました。

彼は明治六年生まれで、日清戦争前は旧制中学の数学教師をしていました。数学教師というのは、当時では相当なインテリと見なされていました。日清戦争時は二十二歳です。徴兵されて名古屋の連隊に入るのですが、すぐに中隊長、まもなく大隊長になります。大隊長になると一〇〇人から一五〇人くらいの部下を動かすことになるのですが、彼は何の軍事的知識もなかったと言います。

戦闘の現場では白兵戦だった

なぜそのような昇級があり得たかと言うと、字を読めない者が多かったからのようです。字を読めないと、軍の規約や武器の取り扱い書なども読めません。彼は日本語だけでなく、英語の読み書きもできたから指導役になっただけの話で、軍事についての知見は何もない。そういう彼が、急速に軍事を知ることになっていったのは、実地の行軍であり、銃の撃ち方からだったと述懐していました。

日清戦争の折には、彼は部下を率いて朝鮮半島に上陸し、北進していく。ソウル、そして平壌を目指すのですが、その過程で清国の兵士と遭遇し、そこでそのまま戦闘に入ります。それはどのような戦争だったか。日本軍の武器は基本的には村田銃とされていましたが、近衛師団と大阪の第四師団以外は連発式ではなく、単発式でした。その単発式村田銃すら配備が間に合わず、彼の部隊では明治維新期に普及したスナイドル銃が使われていました。

「一発撃つと再装塡するなんて面倒臭い」とばかりに、戦闘の現場では結局、白兵戦になっていたそうです。朝鮮を北上しつつ、清国の部隊と出会えば戦闘、それも肉弾戦になっていたのです。

戦闘では、剣道を身につけた者は別として、基本的には、戦い方を知らない者同士が戦っていたと彼は振り返っていました。あるとき、清国側がドッジボールみたいな大きな大砲を撃ってきた。自分たちの行軍している近辺に落ちてきたが、もし爆発したら何十人もの被害を受けるはずだが、大砲は爆発せずに地面を転がっていく。不発の大砲を恐る恐る開けてみると、火薬ではなく砂が入っていたそうです。これはつまり、清国が西欧の悪徳商人に騙《だま》されて買わされていたということだと思います。ここには、狡猾な西欧帝国主義の武器商人とアジアの関係が映し出されていると言えるかもしれません。彼は「砂の入った大砲を見てから、我々は勇猛果敢に清の兵隊を追い詰めていった」と語っていました。

彼の話で特に興味深かったことがあります。日本軍兵士のほとんどは農民出身だったといいます。嫌々ながら戦争に駆り出されて来ている。文字が読めない兵士たちもいました。彼らを陸軍士官学校出身の若手将校などが教育することになります。なぜこの戦争が始まったか、何のためにこの戦争をやるのかを教える折に、若手将校は大きな丸を描いて、その下に小さな丸を描く。そして、「我々は小さな丸で、黙っていると大きな丸に飲み込まれてしまう。飲み込まれないためには戦う以外にないのだ」と言うのだそうです。そういう極めてわかりやすい説明だったと老数学者は語っていました。

残虐行為がフレームアップされる虚しさ

隊伍を組んで、歩いていく。「休め」がかかる。見ると、朝鮮の農民たちが畑で働いている。そうすると、農民出身の日本軍兵士たちは、その農作業を手伝うというのです。そして朝鮮の農民がお礼に、「これを持っていきなさい」とトマトなどをくれたりする。そのとき日本軍兵士は必ず、軍票を渡していたと言います。つまり略奪はしていないのです。

彼の話で、もうひとつ重要と思ったのは、ロイターのイギリス人記者が日本軍を取材しに来たときのことです。記者から「何か武勲を立てたのか?」と訊かれ、日本軍兵士のなかには「肉弾戦で何人殺した」と得意気に答える者がいる。すると、そのロイターの記者は極端な記事を世界に配信しています。当時の日本人は体が小さかったのです。身長で言うと五尺強、一六〇センチくらいが平均です。

記事にはこうありました。「猿の一群が朝鮮半島に上陸した。残虐行為を行いながら北上している」と。当時のロイターはイギリス帝国主義の情報部門と言ってもいいのですが、そういう侮蔑的な記事が世界に流されるのです。当時、広島にあった大本営には近代戦についても多少理解している参謀がいましたから、各部隊に対して「外国人の取材には一切応じるな。それはすべて大本営が引き受ける」という通達があったことを彼はよく覚えていたそうです。

つまりイギリス帝国主義は、日本が帝国主義的な行動に出ること、帝国主義的国家を目指していることに対して、極度な警戒心を持っていたのです。本家の帝国主義は、次なる帝国主義に強い危惧を持っていたことがわかります。ロイターのこの記事は、日本の大本営の参謀たちを驚かせます。愚弄されたというだけでなく、近代戦においては情報戦が重要なのだということを知ったということです。

それまで日本軍はそんなことにまったく意識が向かっていませんでした。日本は日清戦争のときに初めて情報戦というものの存在を知るのです。大本営の参謀たちは、戦争が、情報や報道や宣伝など様々なファクターが組み合わされて遂行されていくのだということを、ここに至って痛切に理解したのです。

現地で西欧の記者に答える兵隊たちは、「どんな武勲を立てたのか?」と訊かれたら、嘘を含めて語ってしまうものです。「俺は三人斬った」「五人斬った」と。それが西欧の報道機関を通じてフレームアップされていく。

昭和の戦争の話になりますが、南京虐殺は現実にあったことですが、三〇万人の殺戮はあり得ません。四万人から五万人だと私は思います。もちろん人数に関わりなく、虐殺は虐殺です。ただ、日本による残虐行為が西欧のメディアによってフレームアップされていく素地は、日清戦争の当時からあったことも確かなのです。帝国主義的なメディアは相手方を必ず陥れようとします。陥れられる以前に日本が残虐行為を実際に行っていたという事実とともに、この構造は確認しておく必要があります。

「中国との戦争を避けたい」イギリス軍事学の知恵

あえてここで言っておくのですが、イギリスはなぜ中国と戦争をしなかったのでしょうか。もちろんイギリスは、中国を半植民地化して、ある距離を確保しながら「ここには入るな」という租界地を作っています。イギリスがアジア植民地化の開始を意味する一八四〇年のアヘン戦争以来、一貫してそういう巧妙な支配を及ぼしてきたことは確かです。しかし中国本土に奥深くまで入り込んで、中国の兵士と直接戦闘することは可能な限り避けてきました。

私はそれをずっと不思議に思って、イギリスの軍事に関する書物を読んでいるうちにあることに気づきました。いくつかの本に書いてあるのですが、「中国と戦争はしない。なぜなら、中国と戦争をすると我が国の軍隊が疲弊、退嬰化する。そして我が国の軍隊の基本的な構造が崩れる」というような指摘があるのです。これは、有史以来続いてきた中国の戦争の苛烈なありようについての言及と言っていいと思います。

西欧においては戦闘は中世になり騎士道に裏打ちされてきました。日本でも武芸が武士道化して独特の道徳を生みました。しかし中国では、戦争をめぐるそういったモラルはあまり形成されなかったのではないでしょうか。中国では、苛烈さが顕わになる形の戦争が、何千年と行われてきました。

イギリスの軍事学は、そういう苛烈な戦争を行うと、近代のイギリス軍、そしてイギリス兵士のモラルが崩壊し、より残虐行為を働くことになるだろうと懸念しているのです。だから中国と戦争することは近代の軍隊の枠組みが退嬰化することだと書いている。中国が培ってきた戦争の苛烈さが是正されていない以上、そこで戦争を行ったらかつてのイギリス軍はともかく近代のイギリスも腐敗するという観点は、もちろん帝国主義国の自己中心的な言い分なのですが、帝国主義的な知恵と言えなくもありません。

日本は、国際的に通用するそういう軍事学を学びませんでした。日本が中国を侵略したことはまったく誤りだったのです。それは侵略が悪いということだけでなく、中国と戦争をすることは、有史以来、戦争を続けてきた国との交戦という形態の中で、日本軍が自らの持つ価値観が崩壊することを意味しました。こういうことを見通す軍事学上の知恵が、日本には欠けていたのです。

日本兵の戦闘意欲を生んだ「恐怖感」

しかし日清戦争では、まだそういった残虐行為はありませんでした（一部においてはあったともいわれていますが）。清国が国として衰亡の過程にあり、清国軍兵士はその苛烈さをひそめていたということもあると思います。一八九四（明治二十七）年、朝鮮で甲午農民戦争（東学党の乱）が起こり、朝鮮政府が清国に反乱鎮圧のための援軍を要請したのを機に、日本軍は朝鮮に侵入します。そして清を攻撃し始めます。日本は最終的に勝利するわけですが、平壌の会戦、黄海海戦などでは激しい戦闘がありました。

前述の老数学教師の体験した戦闘の現場は白兵戦でしたから、兵士同士が斬り合いをするという形の戦争でした。中国には古来から「好鉄不打釘　好人不当兵」（良い鉄は釘にはならない、立派な人間は兵士にはならない）という諺《ことわざ》があります。これは武より文を重んじる国の認識であるとともに、中国においては兵がならず者や乱暴者、そうでなければ無気力者に担われてきたという歴史をも意味しています。清の兵隊は傭兵みたいな存在で、戦闘意欲はありませんでした。危なくなるとすぐに逃げてしまう。そういう意味で、日本のほうが戦闘意欲が強かったということになるともいえます。

白兵戦の斬り合いの際の日本兵の戦闘意欲はどこから生まれたのか。私はそれが気になって文献や証言によって調べたことがありますが、一番大きかったのは「恐怖感」だったと思います。老数学者の話にも、「我々は小さな丸で、黙っていると大きな丸に飲み込まれてしまう。飲み込まれないためには戦う以外にないのだ」という若手将校による兵士に対する戦争の説明が出てきましたが、これは「お前たちは殺らなければ殺られてしまう」ということを意味します。それを繰り返し教えたのです。

人間を即物的に兵士につくり変えるには、恐怖感を与えるしかない。徹底的に恐怖感を叩き込まれた兵士は、相手との戦闘に駆り立てられていくことになります。

大本営の参謀たちの中には、近代戦とはそのような原始的な戦いではなく、もっと理知的な次元での戦闘だということを理解し始めた者もいましたが、末端で戦う兵士たちにはひたすら恐怖感を浸透させるということを行っていました。その理由は日本軍が軍事学の知識という面で習熟していなかったこともあるでしょう。いずれにしても、日清戦争においても兵士たちの恐怖感が戦闘意欲に転換されていった心理的メカニズムは、昭和に入っても続いていきます。それが日本軍の基本的な特徴になったと言い換えることもできるでしょう。

征清総督府参謀長となった陸軍の川上操六、第三師団長の桂太郎、海軍大臣官房主事の山本権兵衛など、日清戦争を率いた新世代の指導者たちが考えた作戦は、基本的には歩兵中心の戦闘でした。それゆえに兵士個々人の意識もまた「軍備」と考えられたのです。

日清戦争が生んだ「軍事学なき精神主義」

当時の両国の兵器を比べてみると、日本は軍艦二八隻と水雷艇二四隻を保有していましたが、清国は軍艦八二隻に水雷艇二五隻と、軍艦の保有では日本を遥かに凌いでいました。武力面から言っても、日本は歩兵戦に力を尽くすことに傾斜していきます。歩兵戦は兵士たちの戦闘意欲が頼りとなると指摘しましたが、恐怖感の裏返しのような形でつくられていったそのエネルギーが、相手側の兵士たちの戦闘意欲に勝ったということになります。だから清国を深く追い込んでいったわけです。

日本は一万人以上の犠牲者を出すなど大きなダメージを受けました。しかしともかく、清国と戦争をして、そして勝利しました。まさにこのことが、日本近代の決定的な過ちの始まりだったと、いま振り返って言うことができると思います。日本は朝鮮において清国と戦って勝利し、次の日露戦争では、清国の地でロシアと戦って勝利します。そのように、ある時点までは勝ち進んでいく日本の戦史の中で、最初の対外戦争である日清戦争に勝利したことが日本に大いなる錯誤をもたらすのです。

錯誤とは、帝国主義的国家を選択した日本が軍事主導の道を確信を持って歩み始めるという意味にもなりますし、その軍事において本当の軍事学を学習することも形成することもできなかったという意味でも言えることです。近代戦を理解することができず、兵士のエネルギーが何にも増して相手を圧倒するのだという精神主義が、日本軍を性格づけるようになっていきました。

戦争が国家の「営業品目」に

日本は日清戦争に勝ち、清国との間で下関条約を調印します。日本側の全権大使は伊藤博文と陸奥宗光、清国側は李鴻章でした。これによって清国は朝鮮の独立を承認し、遼東半島、澎湖諸島、台湾を日本に割譲し、二億両（約三億円）の賠償金を日本に払うことになりました。二億両というのは当時の日本の国家予算の二・三倍に当たるとされています。また清国は、沙市、重慶、蘇州、杭州の開市・開港と、開市・開港地における日本の商工業活動、西欧諸国と同等の条件での日清通商航海条約の締結も認めさせられました。

日本が清国に朝鮮半島の独立を承認させたということは、とりもなおさず日本が朝鮮を保護国化し、実質的な支配権を持つことを意味していました。しかし当時の日本は帝国主義的国家としての確たる構想を有していたわけではなく、どういう形で朝鮮に影響を及ぼすのか、どういう形で朝鮮の権益を保護するのかに関しては、模糊としていたと思います。

下関条約締結の際、日本側と清国の李鴻章は「春帆楼」という割烹旅館で会談するのですが、李鴻章が「我々の国はもう戦争をする力がないから降伏する」と休戦条約を結ぶことを求めたのに対して、日本側は強気に出て「賠償金をよこさなければ講和条約を結ばない」と、過大な条件を前提とした講和条約を主張します。交渉の過程で、李鴻章が小山豊太郎という壮士出身のテロリストに撃たれて負傷するという事件があったため、西欧諸国の批判を恐れた日本は条件を多少譲歩する形で下関条約締結に至るのです。

日本にとって戦争というものが、国家の一つの「営業品目」のようになっていくのは、李鴻章とのこの交渉の過程の中にあるのです。我々の国はこのとき、「賠償金を払わないならば戦争を継続し、さらに清国の国内に進出していく」という言い方で賠償を要求しました。これはその後の日本流の帝国主義的国家のありようを規定する手法にもなっていきました。

日本が日清戦争に勝利し、下関条約によってアジアにおける権益を確保するのを見たロシア、フランス、ドイツの三ヵ国は、日本が新たな帝国主義的国家として膨張してくることを強く警戒して、介入してきました。これが三国干渉です。明治二十八年、下関条約締結の数日後から三国干渉が始まり、日本の遼東半島への領有権放棄を要求します。これを受けて、三ヵ国の国力に対抗することはできない日本は遼東半島を清国に返還し、代償として三〇〇〇両を受け取るのですが、これを機に西欧諸国の清国の領土分割が始まるのです。日本は「臥薪嘗胆《がしんしょうたん》」のかけ声と共に対ロシア戦争にそなえるようになり、ここにロシアと衝突する芽を内在的に抱え込むことになります。

「開戦の好機来たる」徳富蘇峰の転向

一つの問題は、このときの日本の言論人が、戦争に対応して何を考え、何を書き、どう動いたかということです。明治から昭和までジャーナリストとして世論をリードした徳富蘇峰について見てみましょう。蘇峰の立場は象徴的でした。

もともと蘇峰は自由民権運動に参加した民権派でした。明治二十年前後に『将来之日本』『国民新聞』などを発刊し、平民主義を掲げて、伊藤博文内閣を薩長藩閥優先内閣だとして徹底的に批判します。ところが蘇峰は肥後国・熊本の水俣出身なのですが、日清戦争の軍事指導者の中心人物であった薩摩出身の川上操六と親しくなっていくのです。蘇峰は自身が主宰する『国民新聞』の明治二十七年七月十五日社説「開戦の好機来たる」で、次のように書くことになります。

今や好機は我に接吻《せっぷん》せんとす、握手せんとす。未だ知らず、当局の政治家は何を以ってこれを迎えんとする。

好機とはなんぞや、言うまでもなし、清国と開戦の好機なり、別言すれば膨脹的日本が、膨脹的活動をなす好機なり。

「膨脹的日本が、膨脹的活動をなす好機」。まさに帝国主義的国家を肯定する物言いです。蘇峰は自身の変化を、「平和主義より帝国主義に進化した」と言っていますが、これは、かつて自由民権国家を希求した言論人が、帝国主義的国家の推進者に転向した瞬間だと言っていいでしょう。蘇峰は、日清戦争の後の三国干渉によって日本が遼東半島を清国に返還したことを、「この遼東還付が、予のほとんど一生における運命を支配したといっても差支えあるまい」（『蘇峰自伝』）と書いていますが、以後、『国民新聞』を舞台にして、徹底的に国権派の世論を牽引していくのです。

同時に蘇峰は、川上操六や、明治三十四年に首相となる桂太郎と手を結んで、国家主義的な指導層を言論の側から支えるようになっていきます。蘇峰の自伝によると、自身が民権派だった頃の『国民新聞』は五〇〇〇部発行だったのが、日清戦争勃発とともに国権派に転身すると八〇〇〇部になり、日清戦争が終わる頃には一万五〇〇〇部になっていたと言います。

外圧への構えが政治姿勢となる

蘇峰が一人の言論人として、民権派から国権派に変わっていったとき、それと対照的な思想潮流も生まれています。第三章でも触れた中江兆民は、岩倉使節団とともに渡欧してフランスに留学し、ルソー『社会契約論』の翻訳をするなど、フランスの民権思想を日本に持ち込みました。彼は生涯を通してラディカルな民権派を代表する一人でした。兆民は明治三十四年に喉頭がんで死にますが、兆民の影響を受けた幸徳秋水や堺利彦らが明治三十六年に平民社を結成して、日露戦争時の非戦派になっていく。つまり、日清戦争と日露戦争の間には国権派に変わる流れと、自由民権運動の方向をよりラディカルに突き詰めて非戦派になっていく流れと、日本の思想潮流が明確に分かれてくるのです。

日清戦争後の事件をもう一つ見ておきたいと思います。当時、三浦梧楼という長州の軍人が朝鮮特命全権公使を務めていたのですが、明治二十八年、三浦は陰謀を巡らせて、閔《ミン》妃《ピ》という朝鮮の王妃を暗殺してしまうのです。この事件については角田房子さんが『閔妃暗殺――朝鮮王朝末期の国母』という本で詳細に検証しています。

下関条約で朝鮮は清国から独立することになります。そして三国干渉によって、日本が遼東半島を清国に返還すると、朝鮮政府の中に、ロシアと連携して日本の影響力を排除しようとする動きが出てきました。閔妃はその動きの中心にいたのです。こういった動向を危ぶんだ三浦が事件を引き起こしたと見られています。三浦は召還されて広島で投獄されますが、証拠不十分で釈放されます。のちに枢密顧問官となり、政界の黒幕としても暗躍します。

この事件の後に朝鮮では反日運動が高まるのですが、それに乗じてロシアは朝鮮にさらに介入するようになり、日本との対立が深まっていくのです。

日清戦争によって日本は経済発展を遂げ、賠償金などによって軍備拡張路線を突き進んで、帝国主義的国家の道を邁進していきます。政治家は国権と国益をさらに熱心に説くようになります。日本がどのような構想を持って内政と外交を進めるかというのではなく、外圧にどう抗するかという構えの中で自分たちの政治を決定するような発想が強くなっていくと言っていいでしょう。前章の最後で、司馬遼太郎さんの「排外主義的な地下水脈」という認識を紹介しましたが、こういった態度は近代日本を通底し、現代の私たちをも規定しているかもしれないのです。このことを私たちは歴史からの警告として認識しておくべきでしょう。

第五章　「空白の皇位」五年間の意味

——大正末期の特殊な時代

空白の五年間に見る天皇制と近代日本の本質

私たちは天皇の歴史とどのように向き合い、それについて語ることができるでしょうか。明治天皇、大正天皇、昭和天皇、平成の天皇、令和の天皇と続く近代の天皇を論じることだけで、天皇の歴史を描き出すことはできませんが、一つの重要なポイントがあります。それは第四章で述べたように、天皇像の二重性ということです。明治天皇と睦仁天皇、大正天皇と嘉仁天皇、昭和天皇と裕仁天皇の間の乖離を見つめることによって、時代が天皇に強いた姿と、生身の天皇自身の亀裂が見えてきますし、そこから、ひたすら軍事に傾斜していった近代日本のありようを捉えることができるでしょう。

私たちは天皇という存在を固定したイメージで捉え、近代日本の特定の時代を代表する存在として語ってしまいがちですが、実は天皇自身もまた自分の名によって仕切られる時代の中で葛藤して生きていたのです。このことを知るとき、では明治なら明治を、大正なら大正を、昭和なら昭和を、その時代たらしめた政治指導者や軍事指導者、宮中の指導者たちの思想や政策が、果たして日本近代史の中で妥当性を持っていたのかということを私たちは問うことができると思います。

そしてもう一つのポイントですが、天皇制について考える上で大きなヒントを与えてくれる時代空間があります。それは、大正十年十一月から大正十五年十二月までの、奇妙な言い方になりますが、「天皇は存在するけれど存在しない」という時期です。これは歴史の盲点のような五年間ですが、逆にここから私たちは天皇制と近代日本の本質を見ることができるのです。

本章ではこの五年間について、そして大正天皇から昭和天皇への代替わりについて、様々な観点から見ていきましょう。あえてその際には、宮中と市井、軍事と政治、体制と反体制を交錯させて描いてみようと思います。

大正の末期のことになります。大正天皇は、大正十年十一月に皇太子・裕仁親王が摂政宮についてからは、葉山などの御用邸で療養生活を送っていました。しかし大正十一年十月、十一月ごろからは体調が悪化し、死を想定しなければならなくなります。宮内大臣の牧野伸顕や元老の西園寺公望らが集まって、国民にどのように知らしめるかの相談をしています。すでに五年近く、大正天皇は国民の視線から遠ざかっていました。そして皇太子・裕仁親王が摂政宮として国民には身近な存在になっていました。

海軍学校で軍人を批判した芥川龍之介

近代日本の天皇制を考えるとき、大正十年十一月から大正十五年十二月までの五年間は実に奇妙な空間なのです。軍事的には他国へはまったく派兵していない。それはどういうことでしょうか。

第一次世界大戦の終盤、大正七年に日本は列強の要請に応じてロシア革命への干渉を目的として、シベリア出兵を行います。日本は七万三〇〇〇の兵を送り込んで、シベリア出兵の名の下に東シベリアやサハリンなど、ソ連とは別の勢力圏を確保しようとして画策します。それは国際社会からの批判を浴びるところとなり、大正十一年には撤兵します。

その後、この奇妙な五年間を挟んで、昭和二年、昭和天皇が即位した直後になりますが、日本は山東出兵を行っています。蔣介石《しょうかいせき》の北伐に対して、在留邦人の保護を名目として、日本軍が山東省に出兵したのです。蔣介石の国民革命を妨害しようというのが真の目的でした。昭和三年には第二次山東出兵があり、昭和三年六月には、関東軍が張作霖《ちょうさくりん》爆殺事件を起こして軍の独断専行に拍車がかかっていきます。

ところが、大正十年から大正十五年までの五年間には、まったく兵を動かしていないのです。これには摂政宮の時代ということが深く関わっていると私は思います。つまり軍による出兵の允裁《いんさい》は天皇が行うのであり、この五年間に兵がまったく動いていないということは、日本の歴史の中で、軍の秩序とは何か、天皇が軍の大元帥である所以《ゆえん》は何なのかということを深く問うていると思うのです。

この時期には、社会の中に反軍的な空気も広がります。大正デモクラシーが国民的規模に広がっていったということも重要な事象として指摘できます。芥川龍之介という極めて鋭敏な文学者に即して、大正の時代精神を捉えることができると私は思っています。

芥川は、東京帝国大学の英文科を卒業して、大正五年から海軍機関学校の嘱託教官を務めます。これは夏目漱石の紹介だったという説もあるのですが、いずれにせよ芥川は第一次世界大戦の最中に海軍機関学校の英語教師になるわけです。教壇に立つと芥川は、生徒たちに「君らはなんで死ぬための職業を選んでこんなところで学ぶのか」とか、「君らはもっと自分のことを考えなさい。死ぬための仕事に就いて何が楽しいのか」と平気で言っていたそうです。

当然ながら、生徒たちはこれに対して激しします。「それでは先生、国を守るというのはどういうことなのですか」と生徒が訊くと、芥川は「私はあなたの質問には答えない。あなたはいつか私の言っていることがわかるから、今ここでは答えない」と言ったというのです。

またあるときには、教室に入ってきて「今日は気分が悪い。君らのような人たちを前にして授業をするのは嫌だ」と言って、学生のほうを向かず横を向いて授業をしたという話もあります。芥川が死んだ後に知人、文学者たちが書いた追悼文をまとめた『芥川追想』

(岩波文庫)という追悼集がありますが、そこに海軍機関学校の生徒だった人たちが書いています。芥川はまったく風変わりな教師で、「敗戦教官」というあだ名で呼ばれていたそうです。しかし、一つ言えることがあります。芥川のそういった反戦、反軍的な姿勢が、その時代には通用したということです。このことは、大正デモクラシーの浸透なしにはあり得なかったでしょう。

芥川は昭和二年、第一次山東出兵の直後に自殺しました。海軍機関学校で反軍的な態度で教師を務めながら、芥川はロシア革命という暴力を知り、日本の軍隊が軍事行動に走った姿を見ていたわけです。大正時代末期の五年間は、表立っては軍事が動いていない。しかし芥川は、左翼運動からも、それが敵対する国家権力からも、迫りくる暴力の足音を聞いていたのだと思います。昭和に入って暴力が顕在化すると、彼は死を選んだのです。

芥川が、遺作である『或旧友へ送る手記』で書いた、「何か僕の将来に対する唯ぼんやりした不安である」という一節は、私は「暴力の時代」への恐怖だと理解しています。

関東大震災とカフェ文化の頽廃

大正十二年には関東大震災があり、国民の間に虚無感が広がっていきます。谷崎潤一郎、田山花袋、佐藤春夫、正宗白鳥などが関東大震災の後に印象的なエッセイを書いています。それらを読むと、作家それぞれに虚無感を強調している。粋を凝らした建造物を造ったり、人間性を豊かにするような文化を生み出しても、そういうものはすぐに虚しく崩れるのだということを書いています。

この虚無感は都市におけるカフェ文化の退廃にもつながっていきます。関東大震災の後、再建していく都市で、それまではコーヒーが出るだけだったカフェが、酒を飲ませるようになり、女給という仕事ができて、彼女たちがカフェにいるようになります。女給は給料をもらわず、男性客からのチップだけで暮らす。そこには当然、男女の物語や諍《いさか》いが起こります。ここから男女の新しい関係が始まったと言ってもいいでしょう。そういう都市文化の退嬰が起こり、その担い手たちがモボとかモガになっていく。

そのような時代に、皇太子は摂政として「天皇であって、天皇ではない」という立場だったのです。社会的に言うならば、「天皇は存在するけれど存在しない」という形が定着していったということになります。

大正天皇の体調は、次第に回復不可能になっていきます。宮内庁は、大正十五年十二月十五日に天皇の病状について公式に発表します。この年九月に倒れたが、それが長引いていて病状は安定していないと伝えています。「御右胸に気管支肺炎の御症状を拝診し奉る」といった一節が見えます。この病状は号外で発表されましたが、東京市民にはさして驚きを与えていません。そして、大正十五年十二月二十五日午前一時二十五分に大正天皇は崩御します。

その枕辺には貞明皇后が付き添いました。医師団が崩御を伝えると、貞明皇后はすぐさま椅子から立ち上がって、摂政宮の後ろに立ちました。天皇の死は、次の天皇の誕生であり、貞明皇后は皇太后となり、一歩身を引くというのは当然のことだったのです。そして皇太子は天皇となり、昭和という時代が始まります。

摂政宮であった期間、昭和天皇には、大正天皇の位を差し置いて、自らは摂政宮に就いたとの不安があったように思います。遥かに時を隔てて昭和六十三年秋以降、昭和天皇はベッドにふせって療養する中で、侍従の卜部《うらべ》亮吾に「摂政宮を考えているのじゃないだろうね」としばしば尋ねています。

貧女に想像力を及ぼす大正天皇の文学的才能

大正天皇が漢詩の詩作を始めたのは、十代の半ばからだと言われています。三十代の半ばに病で倒れてからは療養に専念する形で詩作もやめています。ほぼ二十年ほどの間に、一三六七首を作ったといいます。漢詩の専門家の間では、もしこの方が天皇でなければ、近代日本の最も優れた詩人になったであろうと評価されているそうです。「その詩品も自ら王者の風格が高く、質量共に歴代天皇中その比を見ぬ詩人と申して過言ではない」（安岡正篤《まさひろ》の評）と言われているのです。

大正六年に詩作をやめて療養に入るのですが、その頃には政務が多忙であるにもかかわらず、とにかくよく漢詩の制作に勤しんでいます。私は大正六年に詠まれた漢詩はいずれも人間の機微を深く歌って秀逸だと思うのですが、「鸚鵡《おうむ》」という詩が、痛切に大正天皇の気持ちを語っているように思います。次のような漢詩です。

可憐応舞弄奇音　飼養雕籠歳月深　聞説南方花木美　幽棲当日在清陰

この解釈は以下のようになります。

「鸚鵡が頻《しき》りに奇妙な声を発している。籠の中に飼われてからもう幾年にもなる。この鳥の故郷の南方には熱帯特有の美麗な花木が有るそうだが、昔はその陰に静かに棲息《せいそく》していたのであろう、見たところそういう土地にふさわしい鳥である」（『大正天皇御製詩集謹解』より。旧かな遣いは新かな遣いに改めた）

確かに大正天皇のこまやかな心遣いと美的な想像力が浮かび上がってきます。当時、こういう文学的な感受性は天皇としては相応《ふさわ》しくないとの判断も周囲からあり得たと思います。大正三年になるのですが、「歳朝示皇子」という詩も作っています。これは、次のような内容です。

改暦方逢万物新　戒児宜作日新人　経来辛苦心如鉄　看取梅花雪後春

この詩は、新しい年を迎えて諸皇子に訓戒すべきことを、漢詩として詠んだ作品とされています。「人は年と共に新しくなるわけではない、湯王が毎朝顔を洗う盤に、日々新たにと書いて自らを戒めたごとくに、日に日に新たに進むことに努めなければならないと自戒せよ」というのです。「今や春に魁《さきが》けて梅の花が開いた、あの雪にも屈せず、心は鉄の如く堅固なるを見よ」との意味を含んでいます。大正天皇としては向上心を忘れるな、と皇子たちに説得していたことになります。

また「貧女」という漢詩では、外見は貧しい格好をしている女性は、心まで貧しいのだろうかということを叙情的に詠んでいます。貧しい女性に想像力を及ぼすような詩を天皇が詠んでいることに驚かされます。このような文学者としての才能は、天皇にとって必ずしも求められる条件ではなかったと思います。

大正天皇は、漢詩とともに御製（和歌）も数多く作っています。たとえば、以下のような作品です。

群雀《むらすずめ》ねぐらあらそふ竹村の　おくまであかく夕日さすなり

この一首を、歌人の岡野弘彦は、「中世の宮廷の清涼で、透徹した描写の歌風」と称え、「近代の三人の天皇の中で、随一の力を持っていたのが大正天皇」と評しています。

貞明皇后と宮中某重大事件

大正天皇が体調を崩し、事実上政務を執れなくなる背景には、このような文学的な志向の強い性格も関わっていたと思われます。大正十年十一月に大正天皇は病との闘いに入る一方で、皇太子が摂政宮につきます。いわば父の病を助けて、二十歳の息子が家督を継ぐといった状態になったと言ってもいいでしょう。

これは近代日本においては確かに例外的でした。ここでは天皇家における「父と子の関係」が制度の上では少しいびつになっています。近現代史を理解する上で一つの見方を提示するとすれば、「父と子」が縦の関係ではなく、横の関係になった時代との言い方もできると思います。その点で、父と子の視点で見ていくときには正確な分析が必要となるでしょう。

『高松宮宣仁親王』の大正十三年九月一日の記述では、日光田母沢御用邸で天皇家の全員が揃って食事をしたことが記述されています。久しぶりに「親子団欒《だんらん》」の席だったのに、「父上がこの席にお顔を見せなかったのが残念でならなかった。（略）やはり病いは、回復の兆しをみせておられなかったのだ」と高松宮は書いています。

大正天皇は次第に記憶もすぐれなくなっていったのです。大正末期に皇統をいかに守っていくかについて、有力な元老や宮廷官僚が揃っていた時期です。つまり、西園寺公望、牧野伸顕、そして珍田捨巳などであり、長州閥を軸に宮中にも影響力を持っていた山縣有朋は、大正十一年に死亡しており、西園寺らの考え方が軸になる時代に入っていたのです。

西園寺、牧野、珍田の三人は、いずれも外国語に堪能で、狭いナショナリズムに対しては批判的でした。彼らにはイギリス型の王室のあり方を目指すという点でも共通点がありました。大正天皇は自身の考え方としてこうした方向に賛成か反対かは別にして、彼らに皇太子を託するとの思いがあったように見受けられます。

ただ大正天皇が実際上は天皇の政務に携わることができない以上、そうした判断は貞明皇后を頼りにしたところもありました。貞明皇后は西園寺、牧野らの路線に必ずしも賛成とは思えませんでした。その内実は何かと言えば、貞明皇后には攘夷の考え方が強かったのです。

貞明皇后は、宮中の儀式に関心を持ち、いずれの儀式にも精神をこめるように皇太子と皇太子妃に注文をつけています。同時に貞明皇后は、大正九〜十年、皇太子の婚約に元老の山縣有朋が批判的に干渉するという不穏な動きが宮中にあったとき（宮中某重大事件）、民間右翼や山縣に連なる長州閥の人物に不信感を持ち、そのような人士の宮中入りに抵抗しています。ちなみに婚約は滞りなく進行し、山縣の権勢は衰え、翌年に死去します。宮中の動向に厳格に対応した貞明皇后は、天皇と同様の重い役割を果たしていたのです。皇太子にとっては、「父と子」の代わりに「母と子」という関係性も重要であったことも見ておく必要があるでしょう。

天皇の「父」の役割を担おうとした宮中リベラル派

大正天皇が実質上、天皇としての政務を執れないことは、この国の進路を担う勢力が誰なのか、その点が曖昧になることでもありました。大正天皇を支えたのは、前述の西園寺公望や牧野伸顕、それに珍田捨巳などの西欧的な近代化を充分に吸収している宮廷官僚たちでした。摂政宮の時代の皇太子を支えたのが彼らでしたが、西欧的なリベラル派ということ以外に共通しているのは、いずれも老齢ということです。

大正十五年十月のことですが、西園寺は摂政宮にそれとなく伝えています。その内容は、わかりやすく言うならばこういうことになります。

「私は老衰の身となり、国の将来について心配でなりません。私が亡くなったら元老はいなくなるので、内大臣に相談するのがよいでしょう。内大臣の意見をよく聞かれたほうがいいと思います」と。内大臣とは、牧野のことです。牧野はこうした西園寺の意見を、貞明皇后に伝えています。摂政宮の後見人とも言うべき意識を持つ貞明皇后は、牧野の助言に耳を傾けています。

つまり大正天皇から昭和天皇への代替わりは、こうした人脈によって、円滑に進められるべき手が打たれていたのです。

この人脈は以下の二つの異なる傾向を含んでいました。
(一) 宮中リベラル派であり、西欧の最新知識を持ち、自由民権思想にさえ好意的なグループ。
(二) 貞明皇后に代表されるように、天皇の神格に依拠し「天皇イコール神」という神話に帰依するグループ。
一見矛盾しているように見えるのですが、宮中でこの二つの勢力がバランスを保つことによって、近代日本の天皇制が構築されていたのです。私が「父と子」「母と子」という視点で代替わりを見たのは、このバランスがどう保たれたかを検証するためです。

大正天皇が崩御する十日前の十二月十五日、牧野は摂政宮に拝謁し、父・大正天皇が崩御しても、その悲しみを態度に示してはいけない、天皇にすぐに即位しなければならないと諭しています。牧野のその言はまさに、父親代わりの発言でもありました。その上で牧野は、即位のときの勅語について宮内省がまとめていることを伝えています。摂政宮はそういう演出で動いていたのです。それは宮中リベラル派が、天皇の神格に依拠する貞明皇后を納得させながら、代替わりを進めようとしていたことでもありました。

摂政を置くつもりかと探る昭和天皇

あえて付け加えておきますが、昭和初年代のテロやクーデターなどで、西園寺や牧野が常に狙撃の対象にされたのは、軍に代表される天皇親政を目論む一派から「君側の奸」と見なされたためでした。軍はこのような「父と子」の関係を解体し、自分たち軍が天皇に対して「父」の役割を担おうとしていたのです。

二十五歳の皇太子は、摂政宮の時代から天皇の時代に入ります。すると昭和に入ってからの年表を見ても分かる通り、天皇に即位した後に、急激に「山東出兵」や「張作霖爆殺事件」など、軍事が年表の前面に出てくるのです。昭和天皇は、大正天皇の崩御の三日後に宮中正殿で「即位後朝見の儀」を行い、勅語を発表しています。さらに西園寺を呼び、改めて「元老として朕を輔弼せよ」と命じています。つまり老衰だから身を引きたいという元老に、そう言わずに私に助言してほしいと頼んだ形になったのです。昭和天皇の気持ちの深いところでは、軍事と対抗することもあるだろうが、その時に私を助けてほしいと懇願したのです。

このように大正天皇から昭和天皇への代替わりには、近代天皇制のさまざまな性格が露呈していて、また多くの問題点が孕《はら》まれており、同時に天皇には知恵袋が必要であるとのことがうかがえるのです。

対照的に触れておきたいのですが、昭和天皇から平成の天皇への代替わりにはどういう光景が現出したのでしょうか。特に「父と子」といった関係で見てみるとどうでしょうか。むろん大正天皇から昭和天皇、昭和天皇から平成の天皇への代替わりの間には、六十有余年の時間が流れています。時代の様相も大きく変わりました。しかしそれでもなお、共通点もあれば、相違点もまた生まれているのです。

大正天皇は病で倒れたあと、二度と天皇になることはありませんでした。つまり摂政宮としての昭和天皇は、実際には天皇の政務を二十歳の頃から一貫して執っていたことになります。共通点というのは、昭和天皇もまた病で倒れ、実際には政務が執れなくなり、皇太子（後の平成の天皇）が政務代行の役を担うことになった点です。

相違点は、その期間に摂政の話が出なかったことです。本来なら事実上寝たきりの状態の昭和天皇が政務を執るのは無理であったのですが、皇太子は政務代行に終始していました。そこに大正天皇のときの苦い思い出が、天皇をはじめとする宮中にあったと見てもいいでしょう。

これは私の見方ということになるのですが、昭和天皇は病床にあって自らが政務を執れないことに苛立ち、先ほど触れたように、侍従たちに対して「摂政をつけようとしているのではないだろうね」とか「摂政を置く会議を開くのではないだろうね」と探りを入れるような質問を発していたのではないでしょうか。そのことは皇太子や宮中の官僚たちに複雑な思いを与えたと言えるでしょう。

これは平成三十一年四月に、昭和天皇の侍従であった小林忍氏の残した日記ではっきりと裏づけられたのですが、病で倒れる状態になる直前の昭和六十二年四月七日、昭和天皇は侍従たちから多忙な日程を緩和されたらと言われた頃に、心中に苛立ちが生じたのか、「長生きするとろくなことはない」と漏らしているのです。こういう昭和天皇の心境に、皇太子は冷静に対応したということになるのではないでしょうか。

天皇は政治・軍事指導者とどう向き合うべきか

昭和元年十二月二十八日、践祚《せんそ》(即位)直後の昭和天皇は自らを補弼することを求めて、四つの勅語を発表しています。閑院宮載仁親王、西園寺公望、内閣総理大臣の若槻礼次郎、そして「陸海軍人に下されし勅語」です。いずれも、先帝が助けられたことに感謝し、私にも同じような助力をという意味が込められていました。

まだ二十五歳の昭和天皇は、それまでに五年間、摂政の地位にありました。その時に私への助力を惜しまなかった人たちへの感謝の念を忘れていないとの気持ちの表明ともいえました。

昭和天皇の「御践祚後朝見の御儀に於て下されし勅語」は漢文体であり、長さも八二〇字近く、全体に仰々しい感じがあふれるように配慮されて書かれている印象があります。

その冒頭には以下のようにあります。

朕皇祖皇宗の威霊に頼り、万世一系の皇位を継承し、帝国統治の大権を総攬し、以て践祚の式を行へり。旧章に率由し、先徳を聿修《いつしゅう》し、祖宗の遺緒を墜す無からんことを庶《こい》幾《ねが》ふ。(引用は『みことのり』雅舎編、引用にあたってはカタカナを平仮名に直している)

これに続いて、皇位を間断なく持続することが重要であり、自らに課せられた役割は、「国本を不抜に培ひ、民族を無疆に蕃《しげ》くし、以て維新の宏謨を顕揚せんことをつとむへし」とも言い、そしてその末尾で国民に呼びかけています。というより、命じているというほうが正しいのかもしれません。その部分も引用しておきます。

有司其《そ》れ克《よ》く朕か意を体し、皇祖考および皇考にいたせし所を以て、朕か躬《み》を匡弼し、朕か事を奨順し、億兆臣民と倶《とも》に、天壌無窮の宝祚を扶翼せよ。

私の言わんとするところを汲み取り、そして私と共に努力せよというわけです。当時、天皇の権威はこうした漢文体で、しかも庶民にはなかなか理解できない表現を用いることで表現され、国民に対しては「臣民」としての自覚を持つように演出されたといっていいでしょう。

摂政に就任した時にも「令旨《りょうじ》」を発表しています。大正十年十一月二十六日のことになります。令旨というのは皇太子の発する命令書であり、天皇の場合は「勅令」と言います。この「令旨」の冒頭にはこうあります。

皇上の御不例久きに亙らせらるるは、予の国民と共に憂懼《ゆうく》措《お》かさる所なり。今や大政を親《みずか》らしたまふこと能はさるに因り、予は成典に遵《したが》ひて摂政となれり。是れ実に已むを得さるに出つ。

天皇として即位したときとは異なり、わかりやすい表現で摂政に就任したことを国民に伝えています。大正天皇に与えられていた歴史的役割とその覚悟を共有することを訴えているのです（先皇維新の鴻謨と皇上紹述の宏規とを遵奉して、励精治を求め、外は国交を敦くし、内は国民の福祉を増進せむことを期し、以て、皇上御平癒の日を待つへきのみ）。

昭和天皇にとって、摂政就任時と天皇としての即位時には、それぞれ異なった感覚が求められていたことがわかります。この二つの体験によって、昭和天皇には重さを伴って自らの立場への自覚が生まれたように思えるのです。天皇に即位したときの昭和天皇は、当時の日本の政治、軍事指導者たちとどのように向き合うかが重大な問題でした。勅語はその難しさを語っているようにも思えます。

この視点で、大正天皇は即位時にどのような勅語を発したのかを見ていく必要があります。大正天皇が即位後に初めて、勅語を発したのは大正元年七月三十一日のことです。

その前日には「大正改元の詔書」が発されていますが、具体的に天皇としての役割に触れて、踏み込んだ内容になっているのは、「御践祚後朝見の御儀に於て下されし勅語」です。全文は約三〇〇字ほどで、これは昭和天皇よりもはるかに少ないのです。

この勅語はやはり冒頭で、先帝の大喪に遭い、哀痛極まりないと述べています。その上で、先帝により、国威が発揚され、「其の盛徳鴻業万民具《とも》に仰き、列邦共に視る」とたたえています。そして朕は、「憲法の条章に由り、之れか行使を愆《あやま》ること無く、以て先帝の遺業を失墜せさらむことを期す」と臣民に伝えて、朕に仕えることを「奨順」してほしいと命じています。こうした内容は、歴代にわたって定例の文言が用いられているのです。

「沈黙」の明治天皇、「病」の大正天皇、「時間」の昭和天皇

第四章で述べたことと重なりますが、近代の天皇はその支配の形を何らかの形でつくり上げました。明治天皇は、晩年になると言葉を発するよりは「沈黙」で、その権威を示すようになりました。言葉を発するよりもじっと見つめることで、上奏に来る者は震え上がったといいます。皇孫殿下として昭和天皇、秩父宮、高松宮の三人は、明治四十年代にはほぼ定期的に明治天皇のもとに伺う習わしがありました。それぞれの誕生日には一人で、明治天皇の前に出たのです。

皇孫殿下の面会日が決まると、彼らの周辺の者が緊張しました。侍従や女官、それに教

育掛は皇孫に口上を教え、態度、身のこなしまでも丁寧に教えました。明治天皇は皇孫が挨拶して、口上を述べる間も笑顔がなく、じっと皇孫を見つめるだけでした。その緊張については、三人とも長じてから側近たちに証言しています。明治天皇の沈黙は内奏する者への最大の武器だったのです。

大正天皇は病によって天皇としての道を途中で去ります。当時は悲劇の天皇と評されました。もし病がなく、しかるべく軍事などもこなす天皇であったならば、大正天皇は名君主と褒めたたえられただろうと思います。大正天皇は「病」と闘う君主だったということになるでしょう。

では昭和天皇は、何をもってその姿が語りつがれるでしょうか。私の見るところそれは「時間」です。かつて日本が統治した大東亜共栄圏では、決められた同じ時刻に皇居に向かって敬礼する「遥拝」が行われました。昭和天皇は時間を支配したとも言えるのであり、この時間の支配によって大日本帝国という空間を統一していったのです。

「沈黙」「病」「時間」と、三人の天皇を語るキーワードを並べてみると、そこにそれぞれの天皇像と時代が凝縮していることに気づきます。一方、日本近代史の中で、この天皇像が二元化する、あるいは分立化するという事態が発生しています。これは、第四章で述べたような、天皇像と天皇自身の乖離という問題とはまた別の、ある特異な時期における現象です。その時代空間こそ、本章で何度も再照明している、大正十年十一月からの摂政の時代、「天皇はいるけれどいない」という空間でした。この期間は大正十五年十二月の大正天皇の崩御まで続きます。

「皇位空白」の時代、五つの特徴

「天皇はいるけれどいない」という二重構造の時代、この期間には多様な事件、事象が起こりました。そのすべてが天皇の存在が曖昧であることに発しているとはいえないにしても、しかし関係がないとも考えられません。そのことに注目しつつ、改めてこの時代を見てみるべきでしょう。先に述べたことも含めて、この時代の事件、事象を踏まえた上で、どのような時代的特徴があるかを整理しておきます。

(一) 陸海軍は全く兵を動かしていない。
(二) 日本共産党が創立された。
(三) 大正デモクラシーの流れが広がった。
(四) 関東大震災があり、都市の崩壊があった。
(五) 摂政宮狙撃事件(虎ノ門事件)があった。

時代はこういう流れを生み出していました。いずれも天皇の在・不在が根拠だとは断言できませんが、しかし国家的に天皇への求心力が欠けていたことが一因であるのは事実でしょう。加えて近代日本は軍部、官僚が支配する国家と言えると思いますが、彼らは天皇を利用することによって支配体制をつくっていました。だから天皇がいないという時代になると、国民の動きが活発になるということも言えるかもしれません。

逆に言えば、常日頃においては、軍官僚や官僚、政治家などに「天皇」の名が徹底して利用されていたということになります。軍官僚や官僚、政治家は天皇の権威を利用することによって、近代日本をつくり上げたと理解しておくべきなのです。

「天皇がいるのにいない」という社会は、大正天皇の御代の終わりに垣間見えたわけですが、このような時代背景を理解したときに、私たちはどのような教訓を学ぶべきなのでしょうか。

この五年の間に起こったこととして、一七七頁の（二）にある、大正十一年に日本共産党ができたことについて触れておく必要があるでしょう。設立時の中心的な指導者は山川均や堺利彦です。また、野坂参三や徳田球一も幹部でしたし、コミンテルン（共産主義インターナショナル）の常任執行委員会幹部としてソ連で活動していた片山潜《せん》も日本共産党設立に指導的な役割を果たしています。実際のところ設立時の共産党は、コミンテルン日本支部として秘密裏に誕生したのです。

「天皇制打倒」を外した共産党

この年、コミンテルンの大会でソ連の政治家であるブハーリンが、「日本共産党綱領草案」(二二年テーゼ)を起草し、これを日本共産党に突き付けます。日本共産党はこのテーゼによって日本的な封建社会と闘え、というわけです。ところがこのテーゼに掲げられていた革命の第一の条件は「天皇の政府の転覆と君主制の廃止」、つまり天皇制を打倒するということでした。

日本の封建制を打破してプロレタリア革命を起こすためには天皇制の打倒が必須だという理論が、二二年テーゼの中心にはあったのです。これを見て、山川も堺も驚きます。もし天皇制の打倒を党の綱領として掲げたとすると、国家権力による弾圧を強化することになり、大逆事件の再来を招くと震え上がったわけです。それで共産党、つまりコミンテルン日本支部は、当初は天皇制打倒を綱領に掲げようとはしませんでした。

翌年、大規模な共産党の検挙が行われたため、二二年テーゼは結局、草稿留まりで終わるのですが、いずれにしても共産党は、天皇制に対して、批判的な綱領はつくろうとしたけれど、この時点では打倒とまでは言おうとしなかったのです。それは明らかに、この時から十二年前、明治四十三年に起こった大逆事件への恐怖によっています。

明治天皇の暗殺を計画したとして、幸徳秋水ら社会主義者、無政府主義者二四人に非公開裁判によって死刑が宣告され、一月もたたないうちに一二人が処刑されました。政府は、日露戦争反対を機に高揚した社会主義運動をおさえるために、ごく一部で実行が検討されていた天皇暗殺計画をフレームアップして、関係があるとも思えない社会主義運動家を大幅に巻き込んで大弾圧を加えました。以後、社会主義運動は「冬の時代」に入りますが、運動家たちにとって大逆罪による弾圧の恐怖は骨がらみとなったのです。

社会主義運動は大正デモクラシーとともに少しずつ息を吹き返します。そして、大正十一年に共産党が設立されると、知識層の中に、マルクス主義や社会主義の文献や思想が瞬く間に広がっていきます。左翼文献が禁圧されると、どこの大学の寮でもそれらを地下出版物として密かに読むようになります。

大正末期の五年間は、第一次世界大戦後の一時的好景気から不景気に転じていくのですが、そこで社会の矛盾が噴き出したときに、社会変革を行わなければならないという気風が、若者の間に広まっていったのです。大正七年に東京帝大の新人会、大正八年には早稲田大学の建設者同盟など、大正デモクラシーと社会主義を吸収した学生運動団体が結成され、学生の間に変革思想が燃え広がっていきました。

社会主義運動がなぜ広がったかと言うと、そこには学校教育の高度化が深く関わっていました。第一次世界大戦後の好景気の時期に、日本社会には新たな中間層が形成されます。専門学校や大学を卒業する若者が数多く登場します。それまでは縁故などを頼って就職を決める場合が多かったわけですが、企業が整備されて入社試験を行うようになります。そしていまのようなサラリーマン階層が形成されていきました。この新たな中間層は、明治期に農村から都市に出てきて働き続けてきた人たちの子の世代でした。つまり新中間層は、都市に足場を置いた新しい層だったのです。彼らは、農村共同体とは切り離されて存在し、新時代の知的な教育を受けてサラリーマンや公務員になり、都市の空間と文化を構成していきます。彼らこそが、変革思想に興味を引き寄せられていったのです。

共産党が結成され、社会主義運動が広がりを見せると、全国に特別高等警察が設置されます。明治時代からの治安警察法に加えて大正十四年には治安維持法が制定され、思想運動を取り締まるための法的根拠も整えられます。暴力をともなった政治運動に対して、国家が特高警察を使って弾圧をしていく。それが、反軍的な気分が浸透したとも言えるこの五年間の、逆説的な特徴と言うこともできるでしょう。

新聞が生んだ「集団ヒステリー」

そして大正十二年九月一日、土曜日、関東大震災が起こります。マグニチュード七・

九。巨大地震によって都市が壊滅しました。このときの混乱の中で、朝鮮人、中国人、そしてアナキストの大杉栄ら、また日本の社会主義者が惨殺されています。香川県から千葉県に行商に来ていた薬売りが、「言葉がおかしい。朝鮮人だろう」と言われて、地元の自警団に殺害されるという無惨な事件もありました。この悲惨極まりない殺害事件をどう考えるか。これも、この五年間の重大な問題だと思います。

大杉栄、内妻の伊藤野枝、甥の橘宗一を虐殺したのは憲兵大尉の甘粕正彦だとされていますが、本当は違うという説もあります。第一師団歩兵第三連隊の下士官と将校が、淀橋町柏木（現在の北新宿周辺）にあった大杉の自宅付近で三人を拘束して連れ去り、麻布で銃殺して井戸に投げ込んだというのが真相だと、軍の中では語られています。私は、この説にはある程度の信憑性があるように思っています。

亀戸では社会主義者、労働運動家十数人が、亀戸警察署で習志野騎兵隊十三連隊によって殺害されています。首を斬られたりして、異様な殺され方をしているのです。自警団による朝鮮人の殺害にも言えることですが、集団ヒステリーのような状態になって惨殺している様子が見えます。危機的状況に置かれた密室の中に、あるルーモア（噂、流言飛語）を投げ入れると、その空間の中の人間たちは異様さが極端に増幅され、とんでもない動きをしてしまうことがあります。これはまさにそのケースだと思うのです。「朝鮮人が井戸に毒を入れている」「社会主義者と朝鮮人がいま集会を開いていて暴動を起こそうとしている」。そういうルーモアに駆り立てられて、自警団が惨《むご》い殺害事件を起こしてしまう。

噂はどういうふうに撒かれていたか。それはいまだに定かではないのですが、少なくとも二つの方向がありました。一つは警察と軍隊が撒いた。もう一つは、それを新聞が誇大に報道した。この二つが噂の広がりとなって、軍や自警団の恐怖を掻き立て、惨殺が起こったということは言えると思います。

密室空間にルーモアを投げ込まれて人々が異常な行動を取ってしまうというのは、日本だけの問題ではなくて、海外でも様々にあることです。関東大震災のときに日本人が朝鮮人や中国人、社会主義者を惨殺したのは、日本人の宿痾《しゅくあ》によると言われることがありますが、私はその見方ではこのときの事態を捉えることができないと思っています。もちろん、刃が朝鮮人や中国人、そして社会主義者といった社会的なマイノリティに向かったことを、司馬遼太郎さんが言う「日本人の排外主義的な地下水脈」の中で厳しく見つめる必要はありますが、このときの事態は、密室の空間にルーモアが投入されたことの結果として出来してしまったと思うのです。

東日本大震災の際の相互扶助的な振る舞いや、現在の新型コロナウイルスの感染拡大へのある種の冷静な対応においても、日本人の庶民の持つ節度は証明されているのではないでしょうか。もっとも、ネット上のたちの悪い排外主義的な潮流には絶えず目を配る必要はあります。新型コロナへの対応においても、緊急事態という密室の中で、不確かな情報（ルーモア）に突き動かされて、マイノリティや感染者への罵倒が一部存在することも見ておかねばなりません。

宿痾という意味だと、それは軍の中にあるのです。軍こそが密室空間です。また自警団もその密室性を検証してみる必要があるでしょう。

テロリスト・難波大助の正論

一七七頁（五）になりますが、関東大震災が起こった年の十二月、難波大助というテロリストが摂政宮狙撃事件を起こします。摂政宮が帝国議会の開院式に天皇として向かう途中、虎ノ門付近で、ステッキ型の仕込み散弾銃によって狙撃されるのです。弾丸は窓ガラスを射抜いたけれど摂政宮からは逸れ、入江為守侍従長が顔を負傷しています。近代日本において、現実に天皇に銃を向けたのは、このときの難波大助が初めてのことになります。

これは昭和十年代に侍従だった人物からの直話なのですが、昭和天皇は後年になって、摂政宮という制度に反対していたということを聞いたことがあります。「摂政宮をおくと暗殺事件が起きる」と言っていたというのです。関東大震災は、昭和天皇からすると、摂政という時代への怒りの災厄というふうに考えたのかもしれません。

難波大助は、関東大震災の渦中に大杉栄や社会主義者が殺害されたことへの報復として摂政宮を殺そうとしました。天皇は日本の労働者階級を抑圧している象徴であるから、これに対するテロ行為を行って労働者の天皇への尊崇の念を打ち壊す必要がある、という考え方です。

摂政宮狙撃を行った当時、難波は二十四歳でした。難波は山口県熊毛郡出身で、父親は立憲政友会から脱党した庚申倶楽部に属する衆議院議員でした。山口で旧制中学を中退して、東京に出て予備校に通って浪人をしていたと言われています。四谷の貧民街の実情を見たり、共産主義関係の書物に触れて、難波はテロリズムを志向するようになっていったようです。

裁判では、平沼騏一郎などの司法官僚たちが、難波に過ちを認めさせて無期懲役とする方向を目指しましたが、難波は最後まで反省しませんでした。最終陳述で難波は、「私の行為はあくまで正しいもので、私は社会主義の先駆者として誇るべき権利を持つ。(中略)皇室は共産主義者の真正面の敵ではない。皇室を敵とするのは、支配階級が無産者を圧迫する道具に皇室を使った場合に限る」と述べています。

天皇と国民の民主主義的な回路

大正時代の最後の五年間が、「天皇はいるけれどいない」という二重性を持っていたとすると、その時代空間は天皇という制度の一面の本質を物語っていると言えます。この時代には、軍事が社会の表舞台からは見えなくなる代わりに、共産主義という別の新たな暴力——革命という名の暴力が姿を現します。ロシア革命の影響で共産党の設立があり、そして今度は、それを取り締まる治安警察法（のちには治安維持法も）が、その内容や運用によってさらなる歪みを生んだとも指摘できるのです。

さらにまた、共産主義運動からは、皇室に対して銃を向ける難波大助というテロリストも生み出されます。この時代は、国家の持つ暴力、反体制運動が持つ暴力、その双方が社会に新たな歪みを刻み込んだと言えるでしょう。

昭和の戦争の時代に入ると、天皇への国民の素朴な求心力が存在する一方で、それを軍事や政治が前面に出て神格化したり、大元帥という枠内に押さえつけようとしたりします。そういった軍による強制力によって、次なる極端な社会的歪みが生まれてくるとの見方ができるでしょう。

それらの歪みを克服するものこそ、国民の英知に他なりません。私は、それは天皇との国民の向き合い方の中に存在していると思うのです。「国民の英知」とはまた、私たちが天皇という制度を冷静に見つめる目ということでもあります。私たちは天皇という存在を主体性なく翼賛するのではなく、一人ひとりが天皇のあり方を歴史の中で深く思考し、そこに謙虚に向き合うべきなのです。そのことによって、天皇と国民との間の、民主主義に合致する回路ができ上がるように思います。

大正末期の五年間に発する社会的な歪みは、天皇という制度がこの国の伝統として国民と融合、ないし統合の象徴として存在すべきであることを裏書きしていると考えられます。「天皇が存在するけれど存在しない」という五年間は、改めて私たちに示唆するところが多いのです。

第六章　日本の「ファシズム体制」は いかにして形成されたか

――「三段跳び理論」と「因果史観」

五・一五事件はいかにファシズムを生んだか

新型コロナウイルス感染症に、全体主義的な体制で向き合わざるを得ない現在、過去のファシズムの経験を振り返ることが必要です。

ファシズムが社会を覆っていくときの一つの時代潮流のありようは、私が「三段跳び理論」と名付けた方法で捉えることができると思っています。三段跳び理論というのは、歴史がホップ、ステップ、ジャンプと進んで行くさまを見ようとしています。

五・一五事件を改めて検証してみましょう。決行者がテロ事件を起こす。これが第一段階のホップです。

第二段階のステップは次の三つの位相を含んでいたと言えます。

①事件の激震を受けて始まった政治的な取引、駆け引き。
②事件後の裁判での士官候補生たちの発言。
③決行者たちに共感をもってなされた報道。

第三段階のジャンプでは、それが国民の世論に反映してまぎれもないファシズム体制を形成していきます。そこには一九二九年以降の世界恐慌による経済破綻と人心の不安が影を落としていました。全体主義の広がりと深化は、こういう形をとるのではないかと思うのです。

五・一五事件は、海軍の青年将校が中心となり、そこに陸軍の士官候補生、茨城の農本主義者・橘孝三郎の愛郷塾などがつながり合って決行されたテロ事件です。政友会本部、警視庁、内大臣・牧野伸顕邸、日本銀行、東京市内の変電所など様々な対象が襲われたわけですが、最終的には首相官邸で犬養毅が暗殺されます。

首相がテロによって殺されたわけですから、すぐにでも後継首相を決めなければなりません。通常の場合、内閣が倒れると、元老の西園寺公望が天皇に後継首相を奏薦することになっていました。西園寺が天皇に「この人物を推挙したい」とうかがい、天皇が「ではその人物に首相を命じる」ということで大命降下、つまり首相候補者に組閣を命じるわけです。

大正末期以降、衆議院第一党の政党の党首を首相として組閣がなされるべきとの「憲政の常道」が、西園寺の絶大な存在感によって確立しており、それによって議会政治が守られていた側面がありました。だから本来であれば、五・一五事件によって犬養毅が暗殺された後、立憲政友会で犬養の下にいた鈴木喜三郎が首相になるのが当然であり、西園寺は天皇に「次の首相は政友会の後継総裁である鈴木喜三郎がいいと思います」と推薦し、天皇が「では鈴木を呼んでくれ」となり、そして呼ばれた鈴木が「内閣総理大臣を命じる」と任じられるという展開になるはずなのです。これならば、時間にしてわずか数時間で決まります。

西園寺公望を脅した陸軍皇道派

しかし五・一五事件後には、後継首相が決定するまでに十日くらいかかっているのです。この期間に実は駆け引きが行われていました。西園寺は静岡県清水市の興津に住んでいたのですが、首相推挙にあたり東京に出てきます。興津から東京に向かう途中、沼津駅で秦真次という憲兵司令官が汽車に乗り込んできて、西園寺をサーベルで脅しながら「いまは国家非常の時ですぞ。政党内閣で軍を指導できると思うか」と詰め寄るのです。

秦は陸軍の皇道派の中心人物の一人でした。西園寺は笑って聞いていたと言います。西園寺は骨のある男だったと思いますが、陸軍からは様々なルートで西園寺に対して「政党内閣になる場合は第二、第三の事件が繰り返されることになる」といった脅しが伝えられていました。陸軍には、対中強硬派で枢密院副議長だった平沼騏一郎を推す声が強くありましたが、天皇から鈴木貫太郎を介して西園寺に対して「ファッショに近き者は絶対に不可なり」との希望が伝えられ、平沼の線は消えます。

一方、政友会のほうも、鈴木ではなく、軍部と親和性が高い森恪がいいのではないかというような意見も出始め、駆け引きが始まる。海軍は、この事件には自分たちも関係しているからと控えめにしていましたが、陸軍の専横に苛立ち主導権を握られまいと、首相はなるべく海軍を理解している人物をということで、ここでも駆け引きが始まります。

結局のところ、元海軍大将で天皇の側近だった斎藤実が、穏当な人物ということで首相になる。一般には知られていないけれど、天皇にも軍部にも政治家にも官僚にも受けがいいということで、斎藤に決まるわけです。西園寺は挙国一致内閣ということで斎藤を推しました。斎藤は、天皇から命じられたから受ける以外にないという、事態をおさめる形で就任しており、政友会と民政党の両方から大臣を迎えて組閣します。いずれかの党に政権を委ねたいと言っていたのですが、現実に事を処すにあたっては軍部の意見を聞かざるをえなくなっていったのです。

それは就任から数ヵ月後に満州国を承認し、翌昭和八年には国際連盟脱退を表明したことに明らかで、これ以後、日本は孤立への道を突き進むことになります。斎藤内閣は昭和九年に政治的意図が働いたとも言える疑獄、帝人事件により総辞職し、斎藤は昭和十年には内大臣に就任するのですが、翌昭和十一年、二・二六事件で殺害されています。

決行者たちが英雄に祭り上げられていく

五・一五事件に戻りましょう。ステップのもう一つの重要なファクターは五・一五事件の後の裁判です。裁判は事件の翌年、昭和八年七月から始まるのですが、法廷では二十歳を超えたくらいの士官候補生たちが自由に発言しています。

たとえば首相官邸襲撃隊であった士官候補生の後藤映範《えいはん》は、五・一五事件について次のように陳述しています。

「古今東西の歴史に現れたる大改革の跡を観察すると凡そ三段階に分れています。第一段は先覚者の思想的覚醒、第二段は先覚者の具体的行動、第三段は一般の覚醒即ち本格的改革という発展経過を取っています。(中略) 第二段の犠牲的行為が最も困難に感ぜられます。是を維新史に徴するに、明治維新の歴史的進行にとって一転機を為したる桜田門の義挙は、即ち第二段に属する最も効果的なる犠牲であります。私共も昭和維新の改革的段階に於ける一覚醒者として、自己等の当為を自覚し、その理論的根拠を、この歴史的事実から得たのであります」

後藤は愛読書として北一輝の『日本改造法案』『支那革命外史』、農本主義的な自治論者である権藤成卿《せいきょう》の『自治民範』などを挙げ、自分は陸軍の革新派将校らとの接触によって、政党、財閥、特権階級への批判を持つようになったと語りました。

また、吉原政巳という陸軍士官学校四十四期で、瀬島龍三と同期だった二十二歳くらいの人物が五・一五事件に関わっていました。吉原は立憲政友会本部を襲撃しています。裁判官が吉原に対して、「あと二ヵ月で卒業して陸軍の将校になるところだったのに、なぜこのような事件を起こしたのか」と訊きます。すると吉原は、自分のことなどどうでもいい、この国が天皇陛下の御志を抱いた国家であることを願って行動に向かった、という意味のことを答えます。そしていまの政党政治がいかにだらしないかを批判し、こう言うのです。

「将校となって壮丁を教育するには、まず国体の研究に没頭しました。大西郷の『名もいらぬ、金もいらぬ、名誉もいらぬ人間ほど始末に困るものはない』という遺訓には深く心を打たれました。坂本龍馬はかつて西郷は馬鹿な奴だと評したが、非常時日本の要求するのは偉い奴ではなくて、この馬鹿な奴であります」

吉原は砲兵科の首席で、恩賜《おんし》の銀時計をもらえるはずだったのですが、そういう若者が縷々《るる》語り出す決起の動機に、裁判官は心を動かされてしまうのです。時には法廷で涙を流しながら、被告となった若者に発言を促していきます。

それを傍聴席で見ていた新聞記者は「この裁判は涙なしには書けない」と書いています。そして事件の被告たちは急速に英雄視されていくのです。

五・一五事件について調べていたときに、かつて新潮社から刊行されていた雑誌『日の出』の昭和八年十一月号の付録に、「五・一五事件の人々と獄中の手記」という冊子を見つけました。ここには、事件に関わった海軍の青年将校や陸軍の士官候補生の獄中手記、また真の愛国者を育てたのはどういう家庭かといったルポルタージュ記事が収録されているのです。記者が決行者の実家まで訪ねて行って、「よくぞ愛国者の子どもを育てましたね」と言ったりしています。

私から見ると、テロの実行犯であり殺人者ではないかと思うわけですが、当時の日本社会は倫理的な価値基準が明らかにおかしくなっています。この『日の出』の付録などは、裁判とともに被告の訴えが情緒的に報道され、決行者を英雄に祭り上げていく世論に応じる形で企画され、それがさらにまた世論を激しく熱狂させていくという事態を生んでいったに違いありません。

非常事態下に変貌する国民意識

被告が英雄にされていくと、全国に減刑嘆願運動が起こります。海軍の三人の将校に死刑が求刑されると、助命嘆願運動が巻き起こります。死刑を求刑した検察官、それを承認した法務局長には批判が集中します。新潟からは、詰めた指をホルマリン漬けにした瓶が法廷に届けられる。最終的に嘆願書は一〇〇万通を超えたと言うのです。

こういった常軌を逸した状態の中で、裁判は昭和九年まで続きます。最後の被告となった陸軍士官学校士官候補生が法廷に立った際には、一人の老婆が傍聴席から立ち上がり、「裁判長様、この青年たちを無罪にしてください。こういう有為な青年たちがいるおかげで私たちは安全でいられるのです」と述べたりする。そして、それがまた美談として新聞に大きく取り上げられます。妻子がいる将校が参加したということがわかると、その話がまた美化されていきます。

結局、反乱罪などに問われた海軍の将校たちには禁錮十五年から一年・執行猶予二〜五年、陸軍士官学校士官候補生たちは禁錮四年といった判決が下ります。これは当時の常識的な司法判断からすると、かなり軽いものだったと言えます。

付け加えておきますが、愛郷塾の塾生とともに五・一五事件に在野から参加した橘孝三郎は爆発物取締罰則違反などに問われ、無期懲役を言い渡されました。これは軍人に比してかなり重刑でした。

五・一五事件という軍内の青年将校による国家改造運動に正当性を与え、それを美化せしめたものの核にあるのは、一九二九年の世界恐慌以来の経済破綻、政府の無策、そしてそこからくる人心の不安だったと思います。第七章でも触れますが、凄まじい不況の影響を受けた地方の農村では娘の身売りや一家離散が常態化していて、その無残な現実のなかで政治家や実業家に対するテロが肯定され、それが最終的にファシズムを呼び寄せてしまうのです。こういう非常事態下における国民意識の瞬く間の変貌について、新型コロナ状況を生きる私たちは真剣に学んでおく必要があると思います。

私は五・一五事件で暗殺された犬養毅の孫にあたる犬養道子さんに二回お会いしたことがありますが、彼女は深い思いを込めてこう述懐していました。

「あの頃は私たちがまるで加害者のようでしたよ。犬養家にはお米を売らないとか、私たちが町を歩けば皆が指差すとか、世の中がおかしくなっていたんです」

そのとおりだと思います。五・一五事件は、その後の裁判と報道を通じて異様な日本社会を作っていきます。全体主義に向けてのジャンプ、つまり社会が奈落へと跳躍していくのは、国民による事件の受け止め方によるものだったと言うことができるでしょう。

「愛国無罪」という社会の空気

昭和三年の張作霖爆殺事件、昭和五年の浜口雄幸狙撃事件、昭和六年の満州事変、昭和七年二~三月の血盟団事件、五月の五・一五事件、昭和八年七月の大日本生産党による神兵隊事件（これは未遂事件でしたが）、昭和十年の永田鉄山暗殺事件、昭和十一年の二・二六事件。

昭和初期には毎年のようにクーデター、テロ事件、未遂事件が起こっています。こういった事件の連鎖が何を生んだかというと、一つには動機が正しければ行為は何をやってもいいという態度です。

中国で反日デモが激化したとき、「愛国無罪」というスローガンが掲げられました。愛国的な行動をしているのだから罪には問われない、と。日本はそれに先行して、昭和初期のファシズムの時代に「愛国無罪」が社会の空気になっていたのです。

テロ事件はそれのみで歴史の円環を閉じるのではありません。ステップ、ジャンプがあるのです。他の事件でも見てみましょう。

五・一五事件の二年前、昭和五年に、首相の浜口雄幸が東京駅で右翼組織・愛国社の佐郷屋留雄という青年に狙撃されます。当時、浜口がロンドン海軍軍縮条約に調印したことが統帥権干犯だとして軍部に攻撃されていました。

佐郷屋は戦後になって、日蓮主義の右翼思想家・井上日召とともに護国団という右翼団体をつくりますが、供述を読む限り浜口を狙撃した時点では、統帥権干犯などについて理解していたとは思えません。愛国社の上層部が佐郷屋に、「お前がやってこい。そのかわりお前の面倒は見る。お前の家族の面倒も見る」ということを命じ、決行させたとも言われています。

浜口狙撃というテロ行為とその背景は、実行犯の周りの具体的な現場を見る限りではこの通りなのですが、しかし、この事件によって政治家たちはいかに怯えたか。そして政治家たちは軍部や右翼に逆らう発言や行動をいかにしなくなったか。いかに右翼団体が力を持って時代の表面に出てきたか。それはテロ事件を歴史の中でステップ、ジャンプに至るまで分析しないと見えてこないのです。テロは歴史の流れを切断してそれで終わりのように見えるけれど、実はそうではなくて、全体主義への新たな時代潮流を生み出していきます。

浜口雄幸狙撃事件ではジャンプの段階に至っても、ファシズムの濁流はまだ国民にまでは注ぎ込んでいません。一般大衆は、浜口が生きるか死ぬかという手術後の容態を見守り、心配していました。担当医が「おならが出れば浜口首相はご存命。おならが出なければ死を迎えることになります」と言ったらしいのですが、腸が開通すれば治るということを新聞は毎日のように報道しています。

やっとおならが出ると「待望のガス出づ《い》」などと報じられるのです。それが庶民にとっての浜口雄幸狙撃事件だったと言ってもいいのです。しかしその陰で、政治家の脳裏には、首相が軍部を怒らせると暗殺されてしまうのだということが深く刻み込まれていくのです。

暴力は暴力によって必ず復讐される

そういう分析をしていくと、昭和初期にテロやクーデターがいくつも起こり、それが日本をファシズム化、軍国主義化、全体主義化、つまり総じて暴力化していく仕組みがよくわかってきます。

日本は枢軸体制でイタリアやドイツと組んで昭和十年代に連合国と対立するようになります。善悪は別として、イタリアやドイツは一応理念があってファシズムに傾斜していきます。理念を実現するためにファシズムという体制を選択するのです。ところが日本は理念なしに、その時その時、その場その場で道を選んでいくとファシズムに向かってしまった。ファシズム体制になってみると、これほど戦争に好都合なシステムはないということが結果として浮かび上がってくる。

この日本に特有な場当たり的なファシズム形成過程は、テロやクーデターが間断なく続くことによって、私たちの平時のモラルが突き崩されていく道筋でもありました。殺人が公然化され、正当化される。殺人は倫理的に許されないという平時の常識が、しかし殺人も理由があれば許されるのだというふうに転倒していく。非常事態下では、私たちは歴史意識を研ぎ澄ませて現実に向き合う必要があるということは何度でも強調しておきたいと思います。

ファシズムを特徴づけるのは暴力ということになります。私は暴力を全否定すべきだとは思わないけれども、しかし暴力は必ず連鎖するということを考えると、暴力によって作られた現実に対してはまず拒否したいと思います。なぜなら暴力によって作られた現実は、必ず暴力によって復讐されるからです。

これは東條英機のことを調べるとよくわかるのです。東條は昭和十一年の二・二六事件という暴力を利用しながら、軍の権力を拡大していきました。

五・一五事件では裁判を公開し、国民の涙によって決行者を英雄に仕立てあげていきましたが、二・二六事件の青年将校に対しては、彼らを英雄にしてはいけないと、戒厳令下、弁護人なし、非公開、一審制の軍事裁判にかけ、事件は二月に起きたにもかかわらず、首謀者は七月には銃殺されています。翌年の八月には北一輝や磯部浅一も銃殺されます。一般世論が二・二六事件について語るについては、政府と軍部が発表した中でしか許しませんでした。

決行者の青年将校たちは英雄視されるどころか、天皇の意思に反した国賊だとされ、東條たち新統制派はそれを利用しながら軍の権力を拡大していきました。これが東條らの駆け引きによる、二・二六事件のステップ、ジャンプだったのです。

東條は暴力の恩恵によって自らの権力を拡大しました。彼は首相になるとすぐに内務大臣も兼務します。「どうして内務大臣も兼務するのか」と問われると、「テロやクーデターに対して防がなくてはならないからだ」と答えるわけですが、何のことはない、彼は自らが暴力を利用して権力を獲得しているからこそ、常に暴力への恐怖に駆られているのです。そして、暴力を利用して権力を掌握した者は、暴力に異様に怯えながら、必ず暴力的な政治を行うのだと私は思います。

そして暴力で握った権力は、暴力によって復讐されるのです。究極的には、太平洋戦争の中で崩壊していく日本の姿に、暴力によって掌握された権力は暴力によって崩壊するという歴史の法則が刻印されていると言えると思います。

ファシズムを解析するための三段跳び理論は、私たちがあえて具体的な戦史の中に身を置いて歴史を追体験しながら考える際にも、一つの視座となり得るはずです。太平洋戦争の三年八ヵ月の中で、たとえば真珠湾攻撃を起点としたら、次のステップ、ジャンプをどういうふうに見通すべきかを考えてみる。この作戦を実行してホップを跳んだら、どういう結果がもたらされ、それに対して次はどんな軍事的な政策を行うのか、そしてそれはアメリカ側とどのように軍事的、政治的な関係性を取り結んでいくのか。

しかしこの国の戦争体験においては、そういったステップ、ジャンプへの深い考察を欠いていたと言わざるを得ないのです。このことは、新型コロナウイルスとの「戦争」に入っている今の政府の、定見と展望が見えづらい施策にもつながっているように感じられます。

小さなことが歴史のうねりに結び付く

もう一つ、私が歴史を奥行きをもって見るための方法である「因果史観」を紹介したいと思います。

私たちは通常、歴史というものをアカデミズムの側の概念、また学問分野として理解しています。現実という水面の上で事象として起こったことを史実とし、それをある見方に従って解析、分析、検証するのが歴史だという考え方です。これは確かにその通りであり、そのことを批判する筋合いはありません。

しかし、ジャーナリズムとアカデミズムの間には当然ながらアプローチの違いがあります。アカデミズムの研究者が史料主義のもとで、史料の中に入り込んで、史料によって歴史を描く。また、ある史観によって史料を捉え直す。こういった研究から私たちが学び得ることは確かに様々にあるのですが、ジャーナリスティックな歴史探究においては、日常の生活者として歴史を見るということも大事だと思うのです。

つまり、歴史の中でさりげなく起こった小さなこと、あるいは史料には記録されていない出来事、また、いまでは見えなくなってしまった不可視の事実、さらにはかつて人びとの脳裏にこびりついたある観念が、実はその後の歴史のうねりを生じさせるような因果関係を有していることがあると私は考えています。因果関係を結び付けることで、私たちの歴史の本質が可視化されるのと同時に、不可視の領域で歴史がつながり合って流れているということを摑むことが大事なのだと思います。

改めて五・一五事件と二・二六事件について触れたいと思います。先にも述べたファシズムに向かう昭和初期の様々な事件や現象の中には、五・一五事件や二・二六事件を生み出す芽が胚胎していると言えます。これらの芽は歴史の舞台に明示的に浮かび上がるものもあるし、水面上には浮かび上がってこないものもあります。

私はジャーナリズムの側にいるので、取材したからこそ理解することができたという例を挙げたいと思います。かつての青年将校たちに、私は次のような質問を投げかけたことがあるのです。

「昭和初期に、なぜあなたたちは国家主義運動を起こして、天皇親政下で日本を軍事主導国家にしなければならないと考えたのか」

「どうして関東軍が謀略を起こすなどということを考えたのか」

このように訊いたときに、納得できる答えをしてくれたことは少なかったのですが、国家主義運動の渦中にいた人たちと会話を深めていくうちに、興味深い話を聞くことがありました。

自己正当化に使われた「大善」「小善」

「君らには理解できないかもしれないが、昭和五、六、七年頃に、我々青年将校たちの間で『大善』『小善』という言葉がよく使われた」

と彼らは言うのです。

「小善」というのは、軍人勅諭に従って、配下の軍隊として命を捧げる。その枠の中で将校として、兵士として、一生懸命に尽くす。それが小善なのだと言います。

一方、「大善」というのは、自分たちが陛下のお気持ちのほうへ一歩、踏み出して、陛下のお気持ちに沿って変革を起こす。それが陛下のためになるというのが「大善」なのだ、と。

聞いているうちに私は素朴な疑問を抱きました。そのことを詳しく話してくれたのは林という元青年将校だったのですが、私はこう言いました。

「林さん、そうすると軍は『大善』にかなえば何をやってもいいということになりますね。『天皇のため』と名がつけば何をやってもいいというわけですね」

そうすると林氏は、「そういうことになるな。だけど実際問題、あの頃は軍が何かやるということは天皇のため以外には考えられないのだから、天皇のためにやるということは最大の親孝行、最大の善だ」と言うのです。

こういう考え方が青年将校の中で生まれ、昭和五年から七年頃に肥大化してくるわけです。すると、肥大化した芽が水面上で芽吹いて具体的な現実になる。その一つが五・一五事件だったのでしょうし、二・二六事件だったのだと思います。これは前述した「愛国無罪」という、ファシズムの時代の空気と、そのままつながっています。

問題は、水面上に浮上するまでの間に、その芽はどう育ってきたのかということです。なぜ大善という言葉が使われるようになり、それが青年将校たちの意識の中枢にまで入り込んでいったのか。そういうことを丹念に見ていくのが因果史観だと思うのです。

もう一つ、因果史観に即して重要なことを語りましょう。日中戦争は昭和十二年七月七日に始まりますが、この根っこには明治二十七年からの日清戦争があるのではないでしょうか。つまり、日清戦争によって中国から国家予算の三・三倍にもあたる賠償金を得たことに味をしめた軍人たちの意識が、昭和の軍人たちの中にまでフィードバックしているのではないかということです。これは帝国主義的国家像が明治から昭和までつながっているということの、意識のレベルでの証明でもあります。

いまなら中国から賠償金を取れるという意識による戦争が引き継がれてきたということです。それを露骨に言うわけにはいかないから、「暴支膺懲」などというスローガンを立てたとも言えます。つまり賠償金をキーワードにして、それを因として近代日本と中国の関係史を考えてみる。そうすると、日中戦争の和平を探ったトラウトマン工作のときも、うまくいきかけていたのに、南京が陥落したからといって日本側が賠償金と領土割譲を含む高圧的な条件を通告して、交渉が打ち切りとなってしまうという事実が、また別の意味をもって浮かんでくるのではないかと思います。

歴史の因果をつかんでいた後藤田正晴

因果史観に立って歴史的なスタンスを幅広く取り、大過去と近過去を結んでいくと、時代精神の流れが見えてきます。日中戦争の指導者には、常に中国に対する過去の意識が入り込み、それを感じながらその時々の決断を支えたのだというふうに言えるでしょう。

司馬遼太郎さんは、第三章でも紹介したように、明治維新からこのかた、日本の地下三尺には攘夷のエネルギーが眠っていると言うわけです。それが折に触れて噴出するように出てくる。地下三尺に攘夷のエネルギーが眠っているというのは、明治維新が中途半端に行われ、西洋化が急激に進められる中で、抑圧されたエネルギーがため込まれてしまったということだと思います。

因果関係を長期・中期・短期で見ると歴史を立体感をもって理解することができます。

日中戦争は短期的に見れば、満州国をつくり華北に向かう軍の行動の中で理解できますが、中期的に見ると、大正四年の対華二十一ヵ条要求のときの日本の考え方が流れ込んでいるし、長期的に捉えると、日清戦争のときの賠償金、もっと遡ると明治六年の征韓論に行き着きます。こういう掘り下げ方をすると、短期・中期・長期の様々な関係性を地中で絡ませながら、それがいかに歴史の表舞台に頭をもたげてくるかが見えてきます。

最後に語っておきたいのですが、私は晩年の後藤田正晴と親しくなってよく話をしました。ある時、後藤田がこう言いました。

「君な、防衛庁の戦史部によく行くんだろう？」

「ええ、行きますよ」と答えると、「わしの名前を出してほしくはないんだけど、あることを調べてくれるか」と言う。私はもちろん、「いいですよ」と応じました。

それはどういうことかと言うと、後藤田はＰＫＯのときに自衛隊が撤兵して帰国する際の法的根拠を調べたかったのです。シベリア出兵であれだけ動いた兵士が、撤兵するときの法的根拠はどういうものだったのか、それを調べてくれないか、と。私はそれを調べて、後藤田に伝えました。「なんでこんなことを調べるんですか」と訊くと、後藤田はこう言ったのです。

「君な、一度兵隊を出したら、退くことのためにどれだけエネルギーを使うか。それにはどんな法的根拠があるかを、当時も今も日本は十分考えていなかったとわしは思うんだ。

それをシベリア出兵の時点の問題として押さえて、現在のＰＫＯでもきちんと考えなくてはいけないと思っているんだよ」

本当に歴史を見て、真剣に現在と向き合っている人は、こういうことを考えているのだということを私は痛感しました。現在に迫るどのような危機であれ、それを乗り越えるための手がかりは歴史の中にあります。近代史を縦横に行き来しながら、目に見えない因果関係を捉えていくという方法は、私が後藤田から学んだものでもあるのです。

第七章

新型コロナはファシズムを呼ぶか

——「スペイン風邪」との戦いから学ぶべき教訓

近現代史から「コロナ状況」を捉え直す

いま人類はとてつもない危機に直面しています。言うまでもなく、新型コロナウイルスの感染拡大、そして感染爆発という事態です。ウイルスという見えざる敵との戦いは人類史の宿命とも言えますが、日本の近現代史を研究する者として、過去の「非常事態」から、現在進行形の大災厄の本質を捉えるということを試みておくべきだと思うのです。その意味で、本章は緊急特別編と言えますが、いまは近代史を学ぶことの本当の意味が問われる局面だとの認識も私は持っています。

人類史は「見える敵」と「見えざる敵」との戦いの歴史であったのかもしれません。可視化できる敵との戦いとは、先史時代においては人類が生き残るための捕食者との戦いであり、一定の知性を持って定住生活をするようになって以降は人類同士の戦いであり、さらには天変地異などとの戦いもあり、人類はそれらを繰り返してきた一方で、さまざまな見えざる敵である病原菌やウイルスとの戦いを続けてきました。

その見えざる敵とは、近現代を振り返っても、ペスト、結核、天然痘、スペイン風邪（インフルエンザウイルス）などがすぐに挙げられるでしょう。こうした戦いを通して私たちは、その折々にどのような光景を描いてきたのでしょうか。あるいは、見えざる敵にどのように怯え、その都度どのような生の軌跡を残してきたのでしょうか。改めてそれらの場面を想定しつつ、いま私たちの前に存在する「見えざる敵」である新型コロナウイルスとの戦いを展望していくことにしたいと思います。

いわゆるスペイン風邪は、第一次世界大戦（一九一四〜一八年）の最中に広がりました。どこでどのような形で蔓延していったかというような細部については、いまだかなり不透明な部分が多いのです。第一次世界大戦にアメリカが参戦することになって、一気にヨーロッパに広がっていったとの説が有力視されていますが、これとて十分な根拠があるわけではありません。この感染症はA型インフルエンザだと今は特定されています。意図的にアメリカが拡大させたわけではないにしても、戦場を通じてヨーロッパ全域に広がっていきました。イギリス、フランス、ベルギーなどの連合国側、ドイツ、オーストリアなどの国々は自国における流行を隠蔽しようとしました。感染爆発にさらされていることを悟られてしまうと、戦力ダウンが明確になり不利になるからです。

では、このA型インフルエンザを、なぜスペイン風邪と称することになったのでしょうか。スペインは、第一次大戦には加わっていません。従って、このA型インフルエンザの感染者数や死者数などを極秘にする必要がなく、実態をそのまま発表していました。つまり事実を発表したため、ヨーロッパでは突出して被害の数が多くなるわけです。そのためにスペインで大流行との印象ばかりが肥大し、「スペイン風邪」と称されるようになったというのです。

スペイン風邪は、アジア、アフリカ、南アメリカとその規模が地球的な広がりを見せるのですが、感染者数の正確な数は不明にしろ、世界の人口の三分の一に及んだとの説もあります。死者数ももちろん正確にはわからないにせよ、一説には六〇〇〇万人が死亡したとも言われています。世界を揺るがした「見えざる敵」に、一方的にスペインの国名がかぶせられるとあっては、スペインにとっては不快極まりないことでしょう。

スペイン風邪で死を覚悟した荷風

今回も二〇二〇年三月に行われたG7の外相会合で、アメリカがこの新型ウイルスを「武漢ウイルス」と呼ぼうと提案し、それに執拗にこだわりました。そのために共同声明をまとめられないといった形で終わっています。ちなみにWHO（世界保健機関）では、こうした新しい感染病に国や地域名をつけることは禁止しているといいます。そこに差別や誤解が生まれることになるからというのでしょう。

日本ではこのスペイン風邪は、大正七（一九一八）年八月ごろから始まったとされていますこの点については、内務省衛生局編の『流行性感冒』（平凡社）が詳細な記録を残しています。すでにアメリカでは爆発的な広がりを見せていましたが、海外での感染拡大がやがて日本社会にも入ってきたのです。いまで言う「クラスター」（感染者集団）として、軍隊、学校、教育機関の寮、それに企業などが拠点として挙げられると思いますが、国内でもたちまちのうちに広がっていき、その分、死者数も急激に増えていきました。当時の新聞を見ると、「東京を襲っている感冒が猛威を振るい、どの学校でもクラスの半分近くは休んでいる」といった記事であふれています。

東京の公共機関（市電、電気、電話局など）は欠勤者が連日多く、都市機能が実質的に停止しつつあるとも報じられています。地方は医療機関も少なく、流行そのものを止める手立てもなく、悲惨な状況に追い込まれていきました。

「枕を列べて医療の手当だも受くる能はず空しく煎餅蒲団に包まりて呻吟して居る」と当時の『信濃毎日新聞』は書いています（大正七年十一月九日付）。こうした事実を紹介しながら同紙は、北信の集落では「二四〇戸全滅」に至ったとし、惨禍に苦しむ人々の姿を繰返してはならないとの論も展開しています。

北信地方のこうした姿は、当時の日本社会のごく平均的な姿だったといっていいと思います。医療費は現在のように保険制度などはなく、実費払いであり、困窮する家庭にあっては医者にかかるとはまさに贅沢に他なりませんでした。当時の日本の人口はおよそ五五〇〇万人だったといいます。内務省の統計などから、死者数はおよそ四〇万人だったであろうと推測することができます。

実に国民の一％近くが死亡したと推測することが可能なのです。感染者数は、これも明確ではないのですが、前出の統計では二〇〇〇万人をはるかに超えているとも見ることができます。つまり私たちが考えている以上に感染の規模は広がっていて、そして甚大だったのです。

永井荷風が大正六年以降の自らの日々と時代の中の世相を綴った『断腸亭日乗』、その大正八年正月十五日に「風邪未痊《いまだい》えず」とあります。そして翌日の記述は「余既に余命いくばくもなきを知り、死後の事につきて心を労すること尠《すくな》からず。家はもとより富めるにはあらねど、亦《また》全く無一物といふにもあらざる故、去歳弁護士何某を訪ひ、遺産処分の事について（以下略）」相談しています。荷風も死を覚悟したわけです。

社会環境と市民意識が鍵

それでも荷風は慎重に、そして個人としての自覚ある日常生活を続けていくのです。翌九年正月二十二日の記述にはこうあります。

「悪熱次第に去る。目下流行の風邪に罹るもの多く死する由。余は不思議にもありてかひなき命を取り留めたり」

実に一年間も、体調を勘案しながら生活を続けていたというわけです。

スペイン風邪のこうした光景を細やかに見ていくと、新型コロナウイルスとの戦いは、その時代の社会的空間と、荷風に見られるような個人の価値観を大切にする生活が重要な意味を持つことがわかってきます。あえて荷風の痛烈な言葉で語るなら、「世人は頻《しき》りに日本現代の生活の危機に瀕する事を力説すれども、（略）市民の生活は依然として何のしだらもなく唯醜陋なるに過ぎず個人の覚醒せざる事は封建時代のむかしと異るところなきが如し」（『断腸亭日乗』大正八年七月二十日）ということになります。

つまり医療を含めた社会環境と、個人の自覚ある生活が相まって初めて、新しい「見えざる敵」との戦いに勝つことができるのです。私たちはそのことを改めて強く自覚する必要があります。こうした外的要因と内的要因との備えを持って、ウイルスとの戦いに向き合うべきだと思うのです。なぜなら、この戦いの最も有効な政策は、政治的にはファシズム体制であり、社会を戒厳令下に置くことであるからです。つまり、そういった非常事態下においてこそ、社会環境と個人の自覚が問われるということです。

外出禁止ないしは自粛、会合・集会・文化イベントの禁止、移動の手控えないし禁止、そして言論においても政府の方針に応じての大本営発表などは、言うまでもなく民主主義社会の原則を踏みにじる政治的手段です。新型コロナウイルスの感染拡大に対してこの方法しかないとの判断の前提は、二つの条件が揃っていることです。

医療を含めた社会環境が公正・緻密に機能しているか。私たち一人ひとりの社会的意識が充分に市民化しているか。この二つの前提なしに新型コロナとの戦いが続くなら、大正時代のスペイン風邪の時と同様に、社会全体が国民的な打撃を受けるのではないでしょうか。

非常事態が生み出す「憎悪」と「差別」

実際にこの三月からの国際的な感染の広がりを見ていて、ヨーロッパでも中東でもアメリカでも、無論日本でもということになりますが、ファシズム的現象が起きています。なかでも次の二つは極めて重要な問題を提起しているので、黙過することができません。

(一)民族的差別や弱者への憎悪(ヘイト的潮流)

(二)高齢者の切り捨てと治療放棄(人間の差異化)

この二つがかなりの勢いで進みそうな状況にあります。二十世紀の汚点が、いまこそ出番を待っているかのような様相なのです。ヨーロッパの国々でアジア人が、「コロナ野郎」と言われて暴力を振るわれたという例が報道されました。中東などでもそうした事例が起こっています。あるいはインターネット上でもこの種の書き込みをする連中がいるとの報道もありました。

私の友人でニューヨークに長年住んでいるビジネスマンが、コロナ患者が増えているいま、「地下鉄で品の良くない連中が、アジア人を見つけて毒づいている光景が見られる」と言うのです。彼らの言動は憂さ晴らしのようなところがあり、取り合わなければさしたることもないが、アジア人を軽く見てヘイトに傾く者が増えた時は要注意だとも言っていました。

アメリカにしてもヨーロッパにしても、新型コロナとアジアを結びつけるのは、彼ら自身の内面のフラストレーションのせいでしょう。コロナはそういう者たちをあぶり出すことになるであろうとの予感があります。ファシズム体制をファシズム思想を持って支える層がどれだけいるのか、その点は注意しておかなければならないでしょう。

日本でもコロナウイルスは中国から輸出されたとばかりに、中国へのヘイトじみた雑言がインターネット上で見られたといいます。中華街の複数の中華料理店に、「中国人はゴミだ！　細菌だ！　悪魔だ！　迷惑だ！　早く日本から出ていけ‼」という下劣な手紙が送られてもいます。そういう雑言の主はファシストとして糾弾されるべきです。彼らはコロナ嫌悪に名を借りた民族的差別の実行者であり、ファシズム体制の信奉者であるということになります。

そして前述の（二）についてですが、『朝日新聞』の二〇二〇年四月五日付朝刊一面で報じられた一つの現実について触れたいと思います。スペインのマドリードで八十歳の高齢者の家族の元に、医師から涙声で電話があります。新聞記事をそのまま引用すると、「死なせることを許してほしい。（略）人工呼吸器はつけられない。若い患者に回さないといけないから」というのです。病院は重症の患者たちであふれており、人工呼吸器の数が限られている以上、「命の選択」を行わなければならない状態だといいます。

これは予想される事態ではありました。命の時間が短い高齢者と、少年・青年層を秤にかけて、命の時間が長い者を選択するのは、現場の医療による痛苦な選択かもしれません。しかし、「命の選択」の基準は何をもって、誰が決めるのでしょうか。コロナ治療はそれを突きつけてきたのです。

安倍首相の会見には歴史観がない

このまま「命の選択」がさらに当然のこととして公然化していく時、ファシズム体制とそれを支えるファシズム思想は現実のものとなるといっていいのではないでしょうか。つまり、こうしてファシズムが一つずつ既成事実化していく時代に入ったということになるように思います。

このような時代の急展開の果てに、私たちは深沢七郎の『楢山節考』の光景を想像することになります。『楢山節考』が描いたのは、老い先の短い老人を山に捨てに行く姿であり、老人の生を犠牲にすることは共同体を守るために仕方がないとの教えです。かつて日本にこのような史実が存在したか否かは不明だとしても、『楢山節考』が『中央公論』昭和三十一年十一月号に掲載された時、この作品は近代的なヒューマニズムを否定する峻厳な人間観として当時の文学界に衝撃を与えました。

しかし、『楢山節考』が現代の光景としてよみがえるとき、まったく別の意味が時代と社会に警告として突きつけられると思うのです。つまり、私たちの社会は豊饒さを失い、弱者や痛みを抱えた存在への配慮をなくし、「役立つこと」だけが価値基準の最先端に置かれていくことになるでしょう。

たとえば以上のような多面的な視点を想定しながら、新型コロナウイルスに対して私たちはいかなる制度、思想、規範で向き合うべきなのか、そのことを問うていかなければなりません。最もわかりやすいのが、安倍晋三首相の思考、発言、そして歴史観です。

四月七日、安倍首相は記者会見を行い、コロナの蔓延を前提にして、緊急事態宣言を出しました。この事態は改正新型インフルエンザ等対策特別措置法に基づいているのですが、要は五月六日までのほぼ一ヵ月間、東京、埼玉、千葉、神奈川、大阪、兵庫、福岡の七都府県の知事に対して外出自粛や営業休止などの法的措置が取れるように権限を与えています。

この中で首相は、もし今のままの状態で感染の広がりが進むと、二週間後には感染者が一万人、一ヵ月後には八万人を超えるという見通しを示しました。その上でこの緊急事態を脱出するためには、それぞれが人と人との接触を七割から八割は減らす必要があるとも述べました。学校、職場、それに歓楽街なども、休校、自宅作業、休業することが望ましいとし、その補償についても大まかにですが触れています。

記者会見では、こうした決断が遅いのではといった質問も出されていますが、首相はそれを認めませんでした。東京オリンピック・パラリンピックの延長に触れて、トランプ大統領の名が出てくる異様さも気になりましたが、同時に安倍首相の発言には、本稿で述べてきたような人間の存在に関わる「本質的な問題」が何ら触れられていないという危うさが感じられてくるのです。「見えざる敵」への「可視的な対応策」は語られましたが、「不可視の領域」についての言及がありません。広い視野で対応策が練られているようには思えません。それはつまり、歴史観の不在を意味するように思えるのです。

非常事態に求められる「歴史観」

新型コロナウイルスの感染拡大は、予想をはるかに超える勢いで爆発状態に至っています。このため私たちの生活は根底から揺るがされているわけですが、いまこそ私たちは過去を丹念に振り返り、その教訓から得る歴史観を持って、この難局に立ち向かうべきだと思います。

第一次世界大戦の頃に世界中を襲ったスペイン風邪からほぼ百年、人類は類例がないような「見えざる敵」と戦わなければならない状態になっています。これはまさに百年に一度の戦いというべきかもしれません。

こうした戦いの渦中にあるいま、世界経済はどのような方向に進むのでしょうか。その暗雲たれ込める見通しを国際通貨基金（ＩＭＦ）が二〇二〇年四月十四日に発表しました。

各紙がこの内容を報じたのですが、その見出しには「世界恐慌以来最悪の不況」「世界成長マイナス３％」といったような文言が打たれていました。世界恐慌、言うまでもなく一九二〇年代末から三〇年代のあの大恐慌を指すわけですが、その時に匹敵するというのです。

各国別で見るなら、アメリカは五・九％の減、日本は五・二％、イタリアは九・一％と、それぞれ減少するといいます。ＩＭＦの予測は、新型コロナ禍が二〇二〇年前半で峠を越すとの前提に立っています。それだけに、コロナ終息にさらに時間が必要となれば、世界の成長率はより一層悪化のサイクルに入るということになるのです。まさに一九二九年のニューヨーク株式市場での株価暴落に端を発し、市場を通じて各国が緊密に結び付くようになっていたがゆえに世界的な激流となったあの大恐慌に比するべき非常事態です。

一九二九年のアメリカの国内総生産（GDP）は対前年比一二・九%の減、失業率も一九三三年には二五%近くに達していました。各紙の中には、短期的には大恐慌と同様の状態になるとの予測を立てるところもあります。

これは『朝日新聞』の報道なのですが、新型コロナの感染者が五〇万人を超えたアメリカでは、三週間で計約一七〇〇万人が失業保険を申請したといいます（四月十五日付朝刊二面）。日本でも四月七日の緊急事態宣言以後、状態は一変し、失職者が二週間で倍増していると報じられています。単にこけおどしで言うのではなく、人類は百年前と同じような試練に対峙していることになると言えます。

大恐慌を乗り切るために、各国はそれぞれ独自の政策を模索しました。アメリカはニューディール政策を、ソ連はより社会主義的な統制経済の強化を、ヨーロッパの国々ではイギリス、フランスなどは、金本位制の放棄、植民地経済の活用、自国産業の保護などの手を打ち、苦境を脱すべく各種の政策を探りました。そういう中でドイツ、日本などの全体主義的国家は、軍事を中心にしたファシズム体制を強化することで対応しました。

コロナとの戦いは「戦争」である

結局、こういった体制の差違も一つの引き金となって第二次世界大戦に至り、そしてファシズム体制国家が打倒されるという結果に行き着いたのです。本書で何度も触れたように、日本はまさにその中で国そのものが解体されるところまで行き着きました。二十世紀前半のこうした動きは、一九二九年のツケをいかなる形によって支払ったのかという構図に収まっているとも言えるのです。

今回のコロナショックをこのような無惨な形に至らしめないために、私たちにいま、期待されていることはどういうことか、いかなることが警告されているのか、そのことが確認されなければなりません。朝のテレビ番組のニュースショーは、コロナの話題でこのところ持ちきりです。視聴率も好調だと聞きます。だからと言って、テレビ番組がきちんと問題を整理しているかと言えば、そうは言えません。新型コロナ禍をひたすら社会現象の枠の中に収めて伝える傾向が強く、事態の本質を提起する問題意識に欠けています。

先に私は、安倍首相がコロナ禍に対応する姿勢には歴史観が欠けているのではないかと問いかけました。その歴史観というのは、たとえば一九二九年の大恐慌から現在を捉え直す視点を指すのであり、あるいはペストや肺結核やスペイン風邪などとの人類の戦いの中に幾つかの教訓を見出す態度のことでもあります。

ところが安倍首相の言動には、そういう観点が見えにくいのです。マスク二枚を国民に配布すると言ったり、給付金についての見解を二転三転させたり、外出禁止を強調しようとするあまり、自宅で愛犬と戯れる映像をインターネットで配信しているという有様です。安倍政権を支持するとかしないとかいう問題以前に、もはや考え方が自分たちとは決定的に乖離しているのではないかと受け止めた国民が多いのではないでしょうか。

いまこそ大恐慌の時代の教訓、あるいは日本が軍事主導のファシズム体制に入っていった史実から何を学ぶかが明確にならなければならないのです。あえて以下に私見を交えながら、いま私たちがなすべきことは何か、次代の人たちから責任を問われないための道筋を考えてみたいと思います。

コロナとの戦いは、誤解を恐れずに言えば、これは「戦争」です。ウイルスはそもそも私たち自身の中に存在し続けてきたという生物学的立場や、ウイルスとの共存を目指すしかないという疫学的立場があると思いますが、新型コロナウイルスという「敵」との戦いには、中途半端な考えではなく、戦争という覚悟が必要だとの意味です。であるならば、さしあたり日本の現代史では「太平洋戦争」における反省点を大いに生かす必要があると言えるのではないでしょうか。

科学の行き過ぎがウイルスを促したのか

つまり太平洋戦争の反省点がわかると、対コロナ戦争の克服にも一定の展望が見えると言うことができます。太平洋戦争で日本の軍事指導者たちが実現できなかった重要な反省点（警告とも言えますが）をあえて箇条書きにしてみると以下のようになります。

①相手方（「敵」となるのだが）の実態をくまなく知る。
②対抗する手段（戦略、あるいは戦術）を考える。
③対抗しうる国力、戦備を持っているかを検討する。
④開戦を国民に納得させる。
⑤戦いの現状とその経過を正確に伝える。
⑥戦いの終結の目処を伝える。

さしあたりこれらのことが不可欠であるのに、しかし日本は実行し得ませんでした。太平洋戦争はこうしたプログラムを持ち合わせずに、兵士を戦場に送り出したようなものなのです。その結果がどうなるかは明らかでした。さらに言えば、実際の戦争は、「人対人」ですから、こちらに戦術上の誤りがあったとしても相手にも必ずスキがあるはずだから、そこを突けば不利をフィフティフィフティに持っていける可能性もあります。しかしいまの相手は見えざるウイルスなのです。①から⑥の反省点を深く咀嚼《そしやく》して、実践に結びつける必要があるでしょう。

ここで別の視点からも触れておきたいのですが、かつて、理論物理学者で科学評論家の武谷三男は、一般読者向きの書『科学大予言――大凶の未来を生きのびる法』（昭和五十八年刊）の中で、遺伝子工学に触れて次のように語っていました。武谷は、ノーベル物理学賞を受賞した湯川秀樹の共同研究者でもありました。

「菌というものは放射能と同じで、われわれの目には見えない。体内に入り込み、われわれ自身が異常を感じるまでは、存在に気づきようもない。しかし菌は放射能とはちがって、かってにどんどん増殖する特性がある。そこがある意味で、放射能よりも恐ろしい点である。慎重のうえにも慎重を期して、研究しなければならないという理由のひとつも、ここにある」

今から四十年近くも前の科学者の記述です。武谷は領分を超えた科学の行き過ぎに、強い懸念を示した研究者でした。遺伝子工学と今回のコロナウイルスの発生にどのような関わりがあるのか、あるいはないのか、私にはわかりません。しかし武谷は、「（遺伝子工学や生命科学の類は）少しまちがえれば引き返すことのできない、人類の死滅の道に踏み込んでしまう危険性のあるものでもある。原子力と並んで、現在、もっとも慎重に考えなければならない科学技術のひとつ」と断言していました。

こうした遺伝子工学などは元を辿れば、戦争科学の枠内に入る「細菌爆弾」「細菌兵器」に行き着くとも指摘しています。むろんいま、ウイルスの起源を詮索している場合ではありませんが、菌とウイルスの差異はあるにしても、新型コロナウイルスそのものもいずれ人類史総体の枠組みの中でとらえる必要があるのではないでしょうか。度を越えた人間の科学や開発がウイルス発生を促した可能性はあると思えるからです。

東條英機と安倍首相との共通点

さて前述のように対コロナの戦いを「戦争」と捉えた時、太平洋戦争の反省点を踏まえて現在を見てみると、まずコロナウイルスとはどういうものなのか、そもそもその正確な特性やウイルスとしての感染様式などについて、私たちは実態に即した情報に触れているとは言えません。むろん未だ正確にはわからないところがあるということになるのですが、それにしてもわかる範囲の知識はもっと発表されてもいいように思うし、私たちもそれを知ろうと努力するべきではないでしょうか。「敵」を見つめる目を持つためには、その実態を知るのが第一です。

政府は有識者からなる新型コロナウイルス感染症対策専門家会議を発足させ、その委員たちの意見も入れながら、七都府県を対象に緊急事態宣言を発しました。その後愛知や京都のように独自にそのような宣言を出す自治体も出てきたし、そして政府は宣言を全国に拡大しましたが、これは「敵」を分析するというより、ともかく何かやらなければとの焦りの伴った措置であるように感じられました。緊急な戦略として納得できるにしても、対コロナ戦争の全体の流れの中での位置づけが曖昧なために、有効性を失っていると思います。どのような職種に自粛を要請するのか、それに対する補償はどうするのかなど、国民にとって肝心な点が曖昧になっています。つまり前述の太平洋戦争の反省点の②が一貫していないのです。

太平洋戦争は、軍人の東條英機が首相、陸相、そして内務相まで兼ねる形で始まりました。もとより彼一人で戦略や政略を考えたわけではありませんが、ひとたびは独裁者と言っていいほどの権限を持ったにもかかわらず、東條には児戯にも等しい言動が見られました。なすべき重要なことが多いはずなのに、街に視察に出てゴミ箱を開け、まだ食料は大丈夫だと言ったり、干してある洗濯物に触り、まだ木綿だと言ったりしたというのです。外出を自粛せよと言っている折に、安倍首相が自宅で犬とくつろぐ映像を投稿するのと類似しているようにも感じられてきます。現状では安倍首相は、かつての東條の施策と同様に、何をなすべきかの重要性の序列が国民に理解しづらいように思えるのです。

前述の反省点の③になりますが、第一、二章でも述べたように、太平洋戦争では「敵」であるアメリカの国力の分析も実にずさんでした。例えば東條首相は開戦前に、陸軍省の戦備課長に対英米戦を想定した物的国力の分析をさせています。戦後になってこの戦備課長が漏らしているのですが、その戦力比は基幹産業などについては一〇対一の開きがあったといいます。しかし楽観的に分析していくなら、五対一とか四対一になるとも考えられました。そして、東條を始め、軍事指導者は実に甘い判断をしたのです。

国際的な視点の重要性

このことは昭和五十年代に陸軍省の軍務課の幕僚に確かめたことなのですが、東條はまず、戦場は太平洋だからという理由を挙げ、次にアメリカ軍の兵士は戦闘意欲が低い、それに上官に対する畏敬の念を持っていないなどの理由を挙げていき、結局のところ戦力は五分五分だと判断したというのです。昭和十年代にアメリカに送られていた駐在武官の報告（国力の差は歴然としているので戦うべきでないとの内容）などはまったく無視していました。アメリカと戦うべきでないと説く軍人は、弱虫扱いされたのです。

こういう客観性を欠く指導者の下では、日本の戦力の正確な分析などできるわけはありませんでした。いま対コロナ戦争を続けている日本では、果たして戦力は整っているのでしょうか。

厚生労働省クラスター対策班の西浦博北海道大学教授が、もし何も対応策を取らなかったら、重篤患者が八五万人に達し、死者も四二万人ほどに膨れ上がるだろうと予測しました。日本医師会の会長も記者会見で、医療崩壊が予想されると認めています。人工呼吸器も重篤患者全員には回らないようです。こういった戦力認識が関係機関から個々別々に発せられていますが、陣形の全体像が明確になっていません。政府の中には、安倍首相を本部長とする新型コロナウイルス感染症対策本部があるようですが、こういう中枢機関が果たすべき役割は、まず現実を掌握し、個別の現場の状況を総合し、その上でどのように対応するのかと対策を決め、その対策を支える物心両面のシステムづくりが必要とされるはずなのです。それが機能していないという状況は、個々の対策班が切り離されて動いているということでしょう。

このような状況にもかかわらず、国際社会から見れば日本は患者数が激増しているとまでは言えません。これは検査の体制が十分でないためかも知れず、まったく楽観できません。ただ、日本社会の生活習慣の中にウイルス感染を防御する何らかの知恵があるのかも知れません。

政府の打ち出す自粛政策において補償が現実化してこないという状態は異常です。さらには対コロナ戦争の世界的な推移、その経過報告が丁寧に説明されないのも不思議です。無論それはメディアの役割でもあるのですが、対策本部が対策を練る前提としての事実の掌握は、世界的な同時性の中で、できる限り正確に国民に伝える義務があるように思います。それはこのウイルス感染症が世界のつながりの中で起こり、急速に拡大しているからに他なりません。

くり返し流行した明治初期の感染症

新型コロナウイルスの蔓延に対しては、世界的な視野を失わないことが重要です。そのことを押さえたうえで、いま（二〇二〇年五月現在）国内で起こっていることに目を向けると、政府による緊急事態宣言以降、私たちはファシズム体制と同質といっていいような社会システムに日々直面しています。前述したように、むろん私はこのシステムを現状ではやむを得ないと思うのですが、しかしこの体制の持つ窮屈さと人間性喪失の姿を記憶しておかなければならないと思います。いつかコロナが終息した時、全体主義的な社会システムだけが温存されていたというのでは、私たちは次代の人たちから暗愚を指摘されることになるでしょう。

第一次世界大戦下に世界を震え上がらせたスペイン風邪について、もう一度触れてみたいのですが、『内務省史』（大霞会編、昭和四十六年刊）によると、この流行性感冒についての記述は以下のようになっています。

「大正七年、スペインに発した（保阪注・既述のように発生源はスペインではない）インフルエンザは、たちまち世界各国に大流行を惹起したが、我が国においても同年八月中旬から九月上旬に蔓延の兆しを示して、急激に全国に拡がり、大正十年七月に至るまで前後三回の流行をくり返した。その患者数二三八〇万人で、実に人口の三分の一に達し、死者も三十八万の大きに達した」

当時の内務省はどのような対応をしたのでしょうか。このインフルエンザには、明治三十年に制定された伝染病予防法の適用はされませんでした。しかし三人の専門医に調査をさせて報告書を作成し、予防法を各自治体に伝えたというのです。それが内務省衛生局の報告の中にも記述されています。インフルエンザの原因となったウイルスが判明していなかったので、各種のワクチンは期待できず、さしあたりは「患者隔離とともにマスク・うがい・早期受診が奨励」されたといいます。そしてインフルエンザ防疫のために防疫医六四人、防疫官吏七三人が各府県に配置されました。

長年の鎖国を解いた近代日本にとって、外国からの疫病の流入は相当に厄介だったのです。天然痘は奈良時代から記録があり、日本史を通じて何度か流行がありましたが、明治時代にも数万人の死者を出すような、三回の大流行がありました。江戸時代から何度かの流行があったコレラ、明治中期以来何度かの限定的な流行があったペスト、幕末から流行の記録があるジフテリアなども合わせて、明治初期から防疫のための太政官布告が出されていました。

現代でも参考になる西南戦争後の防疫政策

特に重要視されたのはコレラ対策であったと思います。明治初期、清国の廈門《アモイ》で流行していたコレラが日本に入ってくることが恐れられていました。明治政府は虎列刺《コレラ》病予防法心得を各府県に通達します。便所、下水道の消毒・清掃などが徹底して行われました。

それでもコレラは日本社会に入ってきます。明治十年、十一年、十二年と流行は猖獗《しょうけつ》を極め、明治十二年には感染者数が約一六万人、死者は約一〇万人に及んだというのです。政府は太政官布告によって細部にわたる指示を出していますが、国内での本格的な防疫という点で、これは近代日本の嚆矢となるのではないでしょうか。

時代は西南戦争とその終結時でもあり、内務省衛生局は社会の隅々までは手が行き届きませんでした。それでも太政官布告に示された予防規則の中には、「患者発生の届出」「避病院の設置」「患家等の交通遮断」「清潔方法・消毒方法の施行」「患者死体の処置」など、現在にも通じる観点が含まれています。

いわゆるスペイン風邪、A型インフルエンザ蔓延時には、伝染病予防法の一部を改正し、病原体保有者を患者と見なすとしたり、就業を禁止したり、国の地方自治体への国庫補助額を増やすなどの対策が練られました。インフルエンザの恐ろしい影響力を見据えながら、予防対策が練られていったのです。

当時は原敬内閣でしたが、閣議では床次竹二郎内相が国民に伝える予防規則を報告しています。その内容が前述のマスク・うがいなどのレベルだったのは、疫学的にウイルスを突き止めていなかったからと言えます。

このインフルエンザ蔓延時には、結核も猛威を振るっていました。死亡者は毎年一二万人以上に及びました。大正八年の結核予防法の内容が、実は現在の新型ウイルスに対抗する折に参考になるように思います。具体的に法の枠組みを見てみると、結核菌に汚染された家屋の消毒、飲食店や理髪店の従業員の健康診断、結核患者の就業禁止、公共施設に痰壺などの設置、人口五万人以上の都市に療養所設置、結核患者の強制入所、国庫補助の拡大、生活困窮患者への生活補助などを謳っています。いまもまた、こうした社会環境の細部に至る要請が、民主主義体制を前提にして考えられるべきでしょう。

「近代日本の予防対策」を一貫する「弱者切り捨て」

近代日本におけるコレラ、スペイン風邪、結核などの感染拡大を防ぐ対策やその特徴を見ていくと、さしあたり次のような点が指摘できます。

①日本社会は長年にわたる鎖国を経ているため、外来の病に免疫ができていない。
②ひとたびウイルスや病原菌が入ってくると爆発的に拡大する。
③近代的な衛生思想の普及が遅れたが、行政が強圧的に政令によって命じた。
④隔離、強制入院をまずは徹底して行う。
⑤予防対策を中心にして法体系の確立を急ぐ。
⑥政府予算は一定規模は割くが、個人レベルにまではなかなか及ばない。

こうした対策の背景には、常に軍事の側が「健兵」を要求していて、内務省の側もいわば「甲種合格（心身ともに兵士に向いている）」に値する青年層の育成という視点をもって予防対策に当たっていたことがあると言えます。従って、弱者が切り捨てられるという傾向が、そもそも近代日本の予防対策にはあったのです。

コレラ、スペイン風邪、結核のような病と人類の戦いの歴史を見るにつけ、その原因や本質は不可視なのですが、結果は可視的であると言えます。つまり防疫対策は、不可視の領域（ウイルスが原因であれば、その特性を正しく摑むとか、ワクチンや特効薬ができる可能性など）に対しては研究者や専門家以外は手が出せないことになりますが、感染による具体的な被害という結果についての対応は、政府や折々の権力者がなしうることになります。時の政府は、可視の部分にどういう手を打ったのかが、問われることになるのです。

明治初期のコレラ対策は、弱者切り捨てというマイナス面はありましたが、西南戦争と同時期でありながら医療担当者（それが内務省衛生局となるのですが）は、必死に目配りしようとしていたことは認めなければならないでしょう。原敬内閣にあっても、床次内相の衛生政策には、もとより医療環境が不十分な時代にもかかわらず、スペイン風邪や結核への対応は法的、社会的に懸命に抑えようとしていたことは窺えます。スペイン風邪の際には、三人の医学研究者に世界の論文を研究させるなどして報告書を提出させ、日本ではどのような対応が良いのかを打診しています。つまり、不可視の領域に対しても、意欲的に対応しようとしたと言うことは認められます。

「コロナ後」に警戒すべき「超国家主義的発想」

ここで非常事態への対応という意味で、もう一度、一九二九年の世界恐慌への日本社会の向き合い方とその過ちを検証しておきたいと思います。それは、現在のコロナショックのあとに、私たちがどのような対応をすべきかを示唆することにもなるからです。大恐慌は、資本主義国家といえども基盤が脆弱な日本を直接に脅かすことになりました。つまり恐慌の原因も結果も、言ってみれば可視化できる状態だったのです。その中で私たちの国は、極めて特異な形の対策をとりました。

欧米諸国は一応は民主主義的市民社会を前提にしていました。従ってクーデターのような動きはあるにしても、建前としては議会政治が機能していたのです。ヒトラーやムッソリーニ、そしてスターリンなどが独裁政治に傾いていくのは、国民を巧みに誘導する政治技術を駆使したからと言えました。恐慌への不安や経済破綻からくる人心の乱れが全体主義の容認につながったのです。

あえて日本が特異性を持っているというのは、恐慌によるしわ寄せが農民や都市の末端労働者に集中し、その苦しみや怨嗟の声が軍内の青年将校らの国家改造運動に正当性を与えたのです。そしてテロやクーデター未遂などが頻発し、事実上、軍ファシズムに連結していったのです。

原因も結果も可視化できる状況下で、国民の意識がファシズム体制を支えたと言えます。その支える感情とは、まさに恐慌やそれに対する無策の結果として浮かび上がる情念でした。五・一五事件の法廷での青年士官や士官候補生の涙ながらの陳述は世間の共感を呼び、結果的にファシズム体制そのものを生む時代精神となりました。この情念の一元化こそ、日本の超国家主義思想へと転じていったのです。

コロナ禍のあとに、私たちが警戒しなければならないことは、実はこの超国家主義的発想なのです。昭和初期の大恐慌の後のファシズムは、私たち国民の心理の弱点が見事に突かれていました。それが歴史の教訓であり警告なのです。別の言い方をするなら、可視化できる原因と結果について、私たちは感情ばかりを前面に置き、理性や知性とは見事に縁切りしてしまうのです。新型コロナの原因は可視化していないではないか、との声があるかもしれません。しかし日常のテレビ放送やインターネットの情報の中に、コロナを可視化しているとの錯覚が生まれているように思えるのです。

大恐慌の後の日本社会は、金解禁という財政政策、農業恐慌による農産物価格の下落、そして不況による首切りなどによって、凄まじい光景が農村や都市では描かれました。現金がないために物々交換をし、食べ物がなく野草を食べる、娘の身売り、一家離散、野たれ死になどが日常化しました。農村の小学校では飢えで倒れる子が続出します。この原因を政治家や実業家に向けて、テロがファシズムの呼び水になっていきます。そうして、アメリカのように社会投資を行う余裕のない日本は、海外への軍事進出という帝国主義的国家の性格をあからさまにしていきました。試練を乗り越える国家的余裕も国民的知恵も、そして意欲も失ったのです。

私たちは市民たり得るか

コロナ後の社会がこのようにならないために私たちの気にかけておかなければならない

教訓とは何でしょうか。新型コロナウイルスの特性は今のところ、研究者でも摑みきれていないのだから、当面は感染の連鎖を断ち切るという予防策が効果的だと思われます。テレビなどでは様々の論があるにしても、新型コロナウイルスの特性を安易に判断しての独断的な対応は、罹患している場合に感染連鎖の源になりかねないと考えることが必要です。

山中伸弥京都大学iPS細胞研究所所長は、市民に向けたホームページの中で、いまこそ日本人が規律の高さを示して人と人との接触を減らし、自分と周囲の大切な人、そして社会を守るときだと主張しています。世界的な医学研究者によるその主張には説得力があります。医療従事者への敬意と具体的な保護のための提言、対コロナ長期戦のための政府による国民への長期的補償、ワクチンや特効薬の開発への投資要請など、社会環境と国民を守るための論点は極めて重要と思います。

山中氏は政府による緊急事態宣言のあとに、「ウイルスとの闘いは待ったなしの状態です。国や自治体の指示を待たず、自分を、周囲の大切な人を、そして社会を守るための行動をとりましょう！」とのメッセージを送りました。これは政府の施策がいまだ不充分であると認識したうえでの、市民の自覚への呼びかけに他ならないと私には感じられます。

現在のグローバルな危機において、日本はどういう役割を果たすべきなのでしょうか。私たち一人ひとりはどのような時代に生きていて、どう行動すべきなのでしょうか。そのような問題がいま、この時代を生きる人たちに突きつけられていると考えれば、新型コロナウイルスとの戦いが、ある歴史性を含んでいるということに気づかされます。その自覚こそが次代への証として残ることになるでしょう。

感染症と戦う私たちの近現代史は、いまの状況に大事な教訓を手渡してくれています。これまで述べたように、明治十年前後に感染症が入ってきた時の衛生局官吏たちの必死の戦いの系譜を知れば、いまの医療現場を支える人たちの努力に深い敬意が必要だということになります。安倍首相が医療費の値上げなどを口にする時、医療現場への敬意が常に金銭化する発想に何かちぐはぐな思いがするのです。あるいは日本の補償が世界各国より優れているかのような、事実から乖離したと思える自賛の中に、病や恐慌にあった時の指導者の言説がいかに大切かが改めて浮き彫りになります。

私たちはいま、コロナとの戦いの中で市民たり得るかどうかが試されています。もっとはっきり断言すれば、ファシズム体制がいかに人間性を損なうかを「歴史からの警告」として学んでいるのです。そう考えれば、今回のコロナとの戦いに意義を見出すことすらできるように思います。感染連鎖を断ち切り、私たちの生命と生活と民主主義社会を守るために、市民としての自覚と自己管理が求められているのです。

おわりに

昭和の戦争を体験した世代（特に戦場を体験した元兵士）に話を聞いていて、歴史の現場には幾つもの教訓があるのだなと驚いたことがあります。軍隊は、別名で「運隊」と呼ばれることがあったそうです。生き死にはすべて「運任せ」というわけです。ある島に駐屯していた部隊の元学徒兵の証言ですが、アメリカ軍の攻撃機が飛来してきて時に爆弾を落としていくことがありました。アメリカ軍の攻撃機はこの島を問題にしておらず、要するに飛び石作戦でこの島を通り越して、より日本に近い島を制圧し、次に進んでいったのです。

昭和十九年になると大体そのことが分かってきます。同時にアメリカ軍のB29などがこの島に爆弾を落とすのは夕方だということも分かります。どういうことでしょうか。B29は朝早くにアメリカの制圧下にある基地を飛び立ちます。そして目標の日本軍基地の爆撃へと向かうのですが、この島に爆弾を落としたりはしません。戦略的に無駄だからです。その代わり基地に戻る時にこの島に余った爆弾を落とすというのです。この法則に気づくと、兵隊たちは爆撃される状態が分かったと言います。

この法則が分からないときは、犠牲者が出たと言いますが、分かってからは戦死するものはほとんどいなかったと言うのです。この法則に気がつくもつかぬも「運隊」での身の処し方ということになるわけです。

歴史とは、所詮は人間の意思や行動の積み重ねです。とすればそこに意識するにせよ、しないにせよ、おのずから一定の法則が出来上がってくるものです。それはどのようなものか、そこにはいかなる仮説が成り立つのか、そして現代を生きる私たちはそれをいかなる警告として読み取るべきか。私が本書で企図したのはそのことでした。仮説を考えるためには、多くの史実を集め、分析し、そして法則を探り出すことになります。私は歴史探究、そして史実の分析に長年携わってきましたが、それは図らずも仮説を探し、それを警告として現代に問う道筋ではないかと考えるに至ったのです。

本書はそのような仮説を整理して編んだものですが、ここで紹介した以外にもまだまだ仮説を見出すことは可能です。たとえば近現代日本は初代の伊藤博文から、現在の安倍晋三まで六二人の首相を生んでいます。むろん、時間をおいて再び首相になった者もいます。しかし明治十八年から令和二年までの百三十五年の間に六二人というのは、一人が平均して二年余の在任期間だったということになります。そしてこの首相たちの移り変わりを見てみると、いくつかの仮説が生まれるように思えるのです。

首相を①理性派②情念派③追随派④平凡派⑤創造派とでも分けますと、①の後は

②、⑤の後は④、そして④の後は④が続く傾向があるといったことが言えるように思います。つまり法則が作れるのです。それは何を語っているのでしょうか。答えは簡単です。国民が政治に意欲を持つか、期待を高めているか、政治家のレベルはどうなっているか、首相を見るとある程度は分かるということです。こういう試みによって、国民の政治レベルの高低も窺うことができるのです。
私はこのような仮説の試みによって、人間の営みとしての歴史がより身近に身体化されると考えているのです。
本書はそのような私の考えをもとに刊行に至りました。現代新書編集長の青木肇氏、担当の小林雅宏氏に改めて深く感謝します。ありがとうございました。

二〇二〇（令和二）年五月　　コロナ禍の終息を祈って　　保阪正康

講談社現代新書　2572

近《きん》現《げん》代《だい》史《し》からの警《けい》告《こく》

二〇二〇年六月二〇日第一刷発行

著　者　保《ほ》阪《さか》正《まさ》康《やす》

発行者　渡瀬昌彦

発行所　株式会社講談社

東京都文京区音羽二丁目一二―二一　郵便番号一一二―八〇〇一

電　話　〇三―五三九五―三五二一　編集（現代新書）

〇三―五三九五―四四一五　販売

〇三―五三九五―三六一五　業務

装幀者　中島英樹

印刷所　凸版印刷株式会社

製本所　株式会社国宝社

定価はカバーに表示してあります　Printed in Japan

N.D.C. 334.3　245p　18cm

ISBN978-4-06-519936-7

「講談社現代新書」の刊行にあたって

教養は万人が身をもって養い創造すべきものであって、一部の専門家の占有物として、ただ一方的に人々の手もとに配布され伝達されうるものではありません。

しかし、不幸にしてわが国の現状では、教養の重要な養いとなるべき書物は、ほとんど講壇からの天下りや単なる解説に終始し、知識技術を真剣に希求する青少年・学生・一般民衆の根本的な疑問や興味は、けっして十分に答えられ、解きほぐされ、手引きされることがありません。万人の内奥から発した真正の教養への芽ばえが、こうして放置され、むなしく滅びさる運命にゆだねられているのです。

このことは、中・高校だけで教育をおわる人々の成長をはばんでいるだけでなく、大学に進んだり、インテリと目されたりする人々の精神力の健康さえもむしばみ、わが国の文化の実質をまことに脆弱なものにしています。単なる博識以上の根強い思索力・判断力、および確かな技術にささえられた教養を必要とする日本の将来にとって、これは真剣に憂慮されなければならない事態であるといわなければなりません。

わたしたちの「講談社現代新書」は、この事態の克服を意図して計画されたものです。これによってわたしたちは、講壇からの天下りでもなく、単なる解説書でもない、もっぱら万人の魂に生ずる初発的かつ根本的な問題をとらえ、掘り起こし、手引きし、しかも最新の知識への展望を万人に確立させる書物を、新しく世の中に送り出したいと念願しています。

わたしたちは、創業以来民衆を対象とする啓蒙の仕事に専心してきた講談社にとって、これこそもっともふさわしい課題であり、伝統ある出版社としての義務でもあると考えているのです。

一九六四年四月　野間省一

日本史Ⅰ

1258 身分差別社会の真実——斎藤洋一 大石慎三郎
1265 七三一部隊——常石敬一
1292 日光東照宮の謎——高藤晴俊
1322 藤原氏千年——朧谷寿
1379 白村江——遠山美都男
1394 参勤交代——山本博文
1414 謎とき日本近現代史 野島博之
1599 戦争の日本近現代史 加藤陽子
1648 天皇と日本の起源 遠山美都男
1680 鉄道ひとつばなし——原武史
1702 日本史の考え方——石川晶康
1707 参謀本部と陸軍大学校 黒野耐
1797 「特攻」と日本人——保阪正康
1885 鉄道ひとつばなし2——原武史
1900 日中戦争——小林英夫
1918 日本人はなぜキツネにだまされなくなったのか 内山節
1924 東京裁判——日暮吉延
1931 幕臣たちの明治維新 安藤優一郎
1971 歴史と外交——東郷和彦
1982 皇軍兵士の日常生活 一ノ瀬俊也
2031 明治維新 1858-1881 坂野潤治 大野健一
2040 中世を道から読む——齋藤慎一
2089 占いと中世人——菅原正子
2095 鉄道ひとつばなし3——原武史
2098 戦前昭和の社会 1926-1945——井上寿一
2106 戦国誕生——渡邊大門
2109 「神道」の虚像と実像 井上寛司
2152 鉄道と国家——小牟田哲彦
2154 邪馬台国をとらえなおす——大塚初重
2190 戦前日本の安全保障——川田稔
2192 江戸の小判ゲーム——山室恭子
2196 藤原道長の日常生活 倉本一宏
2202 西郷隆盛と明治維新 坂野潤治
2248 城を攻める 城を守る——伊東潤
2272 昭和陸軍全史1——川田稔
2278 織田信長〈天下人〉の実像 金子拓
2284 ヌードと愛国——池川玲子
2299 日本海軍と政治——手嶋泰伸

日本史Ⅱ

2319 昭和陸軍全史3――川田稔
2328 タモリと戦後ニッポン 近藤正高
2330 弥生時代の歴史――藤尾慎一郎
2343 天下統一――黒嶋敏
2351 戦国の陣形――乃至政彦
2376 昭和の戦争――井上寿一
2380 刀の日本史――加来耕三
2382 田中角栄――服部龍二
2394 井伊直虎――夏目琢史
2398 日米開戦と情報戦――森山優
2401 愛と狂瀾のメリークリスマス 堀井憲一郎
2402 ジャニーズと日本――矢野利裕
2405 織田信長の城――加藤理文
2414 海の向こうから見た倭国 高田貫太
2417 ビートたけしと北野武 近藤正高
2428 戦争の日本古代史――倉本一宏
2438 飛行機の戦争 1914-1945――一ノ瀬俊也
2449 天皇家のお葬式――大角修
2451 不死身の特攻兵――鴻上尚史
2453 戦争調査会――井上寿一
2454 縄文の思想――瀬川拓郎
2460 自民党秘史――岡崎守恭
2462 王政復古――久住真也

世界史Ⅰ

834 ユダヤ人——上田和夫
930 フリーメイソン——吉村正和
934 大英帝国——長島伸一
968 ローマはなぜ滅んだか 弓削達
1017 ハプスブルク家——江村洋
1019 動物裁判——池上俊一
1076 デパートを発明した夫婦 鹿島茂
1080 ユダヤ人とドイツ——大澤武男
1088 ヨーロッパ「近代」の終焉——山本雅男
1097 オスマン帝国——鈴木董
1151 ハプスブルク家の女たち 江村洋
1249 ヒトラーとユダヤ人 大澤武男
1252 ロスチャイルド家 横山三四郎
1282 戦うハプスブルク家 菊池良生
1283 イギリス王室物語——小林章夫
1321 聖書vs.世界史——岡崎勝世
1442 メディチ家——森田義之
1470 中世シチリア王国——高山博
1486 エリザベスI世——青木道彦
1572 ユダヤ人とローマ帝国 大澤武男
1587 傭兵の二千年史——菊池良生
1664 新書ヨーロッパ史 中世篇 堀越孝一 編
1673 神聖ローマ帝国——菊池良生
1687 世界史とヨーロッパ 岡崎勝世
1705 魔女とカルトのドイツ史——浜本隆志
1712 宗教改革の真実——永田諒一
2005 カペー朝——佐藤賢一
2070 イギリス近代史講義——川北稔
2096 モーツァルトを「造った」男——小宮正安
2281 ヴァロワ朝——佐藤賢一
2316 ナチスの財宝——篠田航一
2318 ヒトラーとナチ・ドイツ 石田勇治
2442 ハプスブルク帝国——岩﨑周一

世界史Ⅱ

959 東インド会社――浅田實
971 文化大革命――矢吹晋
1085 アラブとイスラエル　高橋和夫
1099 「民族」で読むアメリカ　野村達朗
1231 キング牧師とマルコムX　上坂昇
1306 モンゴル帝国の興亡〈上〉――杉山正明
1307 モンゴル帝国の興亡〈下〉――杉山正明
1366 新書アフリカ史――宮本正興 松田素二 編
1588 現代アラブの社会思想　池内恵
1746 中国の大盗賊・完全版――高島俊男
1761 中国文明の歴史――岡田英弘
1769 まんが パレスチナ問題　山井教雄
1811 歴史を学ぶということ　入江昭
1932 都市計画の世界史――日端康雄
1966 〈満洲〉の歴史――小林英夫
2018 古代中国の虚像と実像　落合淳思
2025 まんが 現代史――山井教雄
2053 〈中東〉の考え方――酒井啓子
2120 居酒屋の世界史――下田淳
2182 おどろきの中国　橋爪大三郎 大澤真幸 宮台真司
2189 世界史の中のパレスチナ問題　臼杵陽
2257 歴史家が見る現代世界　入江昭
2301 高層建築物の世界史　大澤昭彦
2331 続 まんが パレスチナ問題　山井教雄
2338 世界史を変えた薬　佐藤健太郎
2345 鄧小平――エズラ・F・ヴォーゲル 聞き手＝橋爪大三郎
2386 〈情報〉帝国の興亡――玉木俊明
2409 〈軍〉の中国史――澁谷由里
2410 入門 東南アジア近現代史　岩崎育夫
2445 珈琲の世界史――旦部幸博
2457 世界神話学入門――後藤明
2459 9・11後の現代史　酒井啓子

政治・社会

1145 冤罪はこうして作られる　小田中聰樹
1201 情報操作のトリック　川上和久
1488 日本の公安警察──青木理
1540 戦争を記憶する──藤原帰一
1742 教育と国家──高橋哲哉
1965 創価学会の研究──玉野和志
1977 天皇陛下の全仕事──山本雅人
1978 思考停止社会──郷原信郎
1985 日米同盟の正体──孫崎享
2068 財政危機と社会保障──鈴木亘
2073 リスクに背を向ける日本人　山岸俊男　メアリー・C・ブリントン
2079 認知症と長寿社会──信濃毎日新聞取材班

2115 国力とは何か──中野剛志
2117 未曾有と想定外──畑村洋太郎
2123 中国社会の見えない掟　加藤隆則
2130 ケインズとハイエク　松原隆一郎
2135 弱者の居場所がない社会　阿部彩
2138 超高齢社会の基礎知識　鈴木隆雄
2152 鉄道と国家──小牟田哲彦
2183 死刑と正義──森炎
2186 民法はおもしろい──池田真朗
2197 「反日」中国の真実──加藤隆則
2203 ビッグデータの覇者たち──海部美知
2246 愛と暴力の戦後とその後──赤坂真理
2247 国際メディア情報戦──高木徹

2294 安倍官邸の正体──田崎史郎
2295 福島第一原発事故 7つの謎　NHKスペシャル『メルトダウン』取材班
2297 ニッポンの裁判──瀬木比呂志
2352 警察捜査の正体──原田宏二
2358 貧困世代──藤田孝典
2363 下り坂をそろそろと下る　平田オリザ
2387 憲法という希望──木村草太
2397 老いる家　崩れる街　野澤千絵
2413 アメリカ帝国の終焉　進藤榮一
2431 未来の年表──河合雅司
2436 縮小ニッポンの衝撃　NHKスペシャル取材班
2439 知ってはいけない──矢部宏治
2455 保守の真髄──西部邁

経済・ビジネス

350 経済学はむずかしくない〈第2版〉——都留重人
1596 失敗を生かす仕事術 畑村洋太郎
1624 企業を高めるブランド戦略——田中洋
1641 ゼロからわかる経済の基本——野口旭
1656 コーチングの技術——菅原裕子
1926 不機嫌な職場——高橋克徳 河合太介 永田稔 渡部幹
1992 経済成長という病——平川克美
1997 日本の雇用——大久保幸夫
2010 日本銀行は信用できるか 岩田規久男
2016 職場は感情で変わる 高橋克徳
2036 決算書はここだけ読め!——前川修満
2064 決算書はここだけ読め! キャッシュ・フロー計算書編 前川修満
2125 ビジネスマンのための「行動観察」入門 松波晴人
2148 経済成長神話の終わり アンドリュー・J・サター 中村起子 訳
2171 経済学の犯罪——佐伯啓思
2178 経済学の思考法——小島寛之
2218 会社を変える分析の力 河本薫
2229 ビジネスをつくる仕事 小林敬幸
2235 20代のための「キャリア」と「仕事」入門——塩野誠
2236 部長の資格——米田巖
2240 会社を変える会議の力 杉野幹人
2242 孤独な日銀——白川浩道
2261 変わった世界 変わらない日本——野口悠紀雄
2267 「失敗」の経済政策史 川北隆雄
2300 世界に冠たる中小企業 黒崎誠
2303 「タレント」の時代——酒井崇男
2307 AIの衝撃——小林雅一
2324 〈税金逃れ〉の衝撃 深見浩一郎
2334 介護ビジネスの罠——長岡美代
2350 仕事の技法——田坂広志
2362 トヨタの強さの秘密 酒井崇男
2371 捨てられる銀行——橋本卓典
2412 楽しく学べる「知財」入門——稲穂健市
2416 日本経済入門——野口悠紀雄
2422 捨てられる銀行2 非産運用——橋本卓典
2423 勇敢な日本経済論——髙橋洋一 ぐっちーさん
2425 真説・企業論——中野剛志
2426 東芝解体 電機メーカーが消える日 大西康之

日本語・日本文化

105 タテ社会の人間関係　中根千枝
293 日本人の意識構造――会田雄次
444 出雲神話――松前健
1193 漢字の字源――阿辻哲次
1200 外国語としての日本語――佐々木瑞枝
1239 武士道とエロス――氏家幹人
1262 「世間」とは何か――阿部謹也
1432 江戸の性風俗――氏家幹人
1448 日本人のしつけは衰退したか――広田照幸
1738 大人のための文章教室　清水義範
1943 なぜ日本人は学ばなくなったのか――齋藤孝
1960 女装と日本人――三橋順子
2006 「空気」と「世間」――鴻上尚史
2013 日本語という外国語　荒川洋平
2067 日本料理の贅沢――神田裕行
2092 新書　沖縄読本――下川裕治 仲村清司 著・編
2127 ラーメンと愛国――速水健朗
2173 日本人のための日本語文法入門――原沢伊都夫
2200 漢字雑談――高島俊男
2233 ユーミンの罪――酒井順子
2304 アイヌ学入門――瀬川拓郎
2309 クール・ジャパン!?　鴻上尚史
2391 げんきな日本論――橋爪大三郎 大澤真幸
2419 京都のおねだん――大野裕之
2440 山本七平の思想――東谷暁